怪獣人間の手《て》懐《なず》け方

幻冬舎 編集者
箕輪厚介

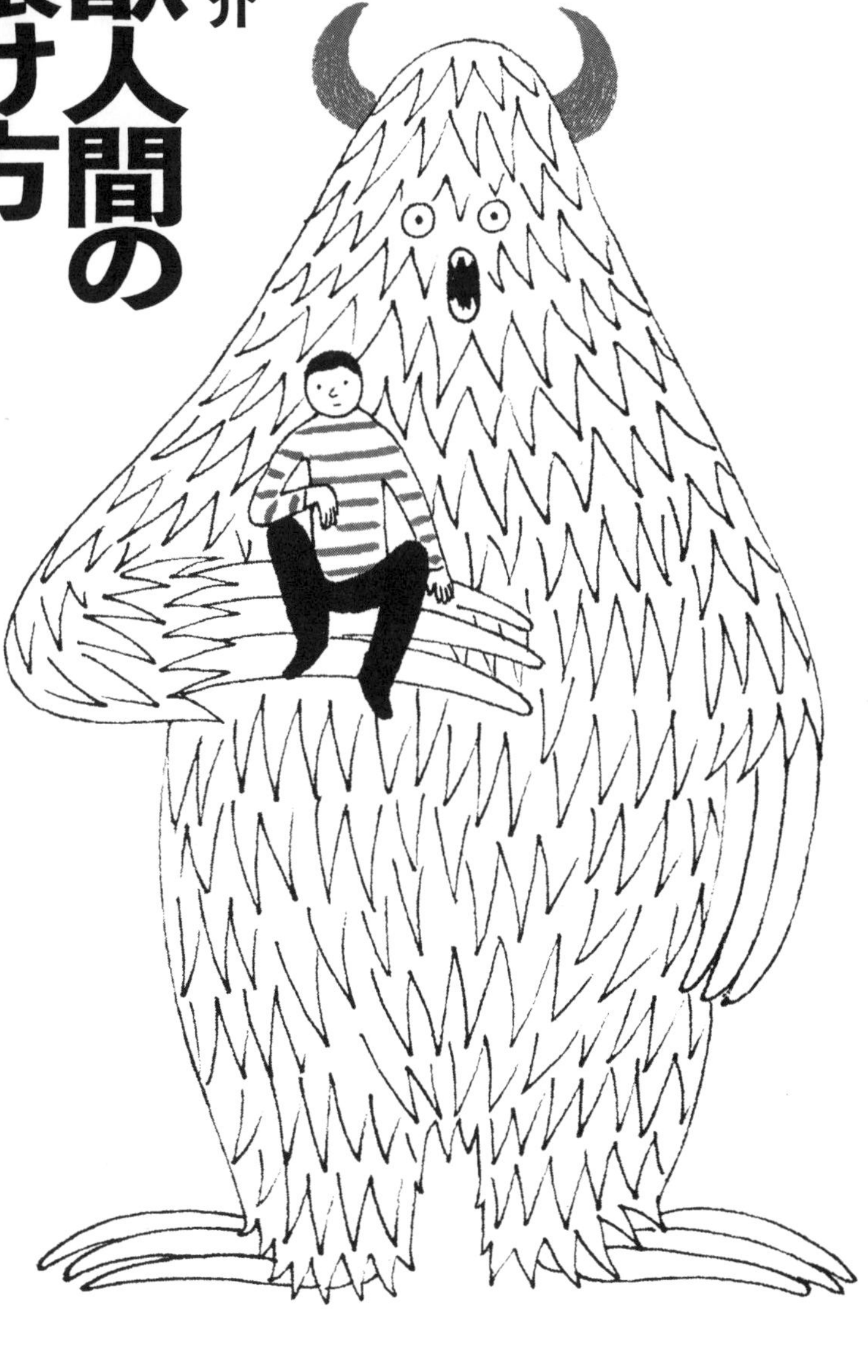

クロスメディア・パブリッシング

PROLOGUE

人生は人との出会いで驚くほど変わる

僕には特別な才能は何もない。

勉強も中の上くらいだったし、サッカーも区の予選で敗退していた。

大学も1浪で行った。就職が決まらなくて留年もした。

2度目の就職活動で老舗の出版社になんとか拾ってもらったが、キーボードもまともに打てず先輩たちに心配された。

僕の人生を変えたのは、ただひとつ。

「怪獣人間」との出会いだった。

「怪獣人間」と出会い、対峙し、仕事をしていく中で、時代の空気を知り、そして波に乗り、自分の限界値が引き上げられた。

まったく自分の実力や才能ではない。

僕はMBAも持ってないし、英検も4級。イケメンでもなければ起業でうまくいったわけでもない。

ただ「怪獣人間」と出会ったことで、対峙したことで、仕事にしたことで、ベストセラーを連発し、メディアにも出て、好きなことを仕事にできるようにもなった。

埼玉から2時間かけて満員電車で会社に向かっていた暮らしから脱し、サラリーマンでは稼げないお金も稼げるようになった。

狂ったように目的だけを見て、成果を残していく人たち。凡人たちが積み上げた小さなプロセスなどはお構いなしに、革命を起こしていく人たち。明らかにほかとは違う発想をし、いかがわしい生き方を選ぶ人たち。

本書は、そんな一部の狂った人たち、いわば「怪獣人間」の手懐け方について書いていく。

「怪獣人間」と出会い、対峙し、仕事にすれば、あなたの人生は大きく変わる。

しかし、生半可な気持ちで近づくのは危険だ。

「怪獣人間」は、灼熱に燃える太陽みたいなものだ。

遠くにいれば、やさしく温かい存在だが、近づき過ぎると、焼き殺されてしまう。

もしあなたに、そこに踏み込む勇気があるなら、この本を手に「怪獣人間」の世界に飛び込んでいこう。

人生が劇的に変わり、見たことのない景色が見れるはずだ。

2022FIFAワールドカップ・カタール大会に世界中が熱狂し、2023ワールドベースボールクラシック（WBC）に日本中が沸いた。そこには、まだ誰も見たことのない、予想を超えた結末があった。奇跡のようなドラマがあった。

僕たちは予定調和を超える世界に憧れる。しかし、それができる人はひと握りの特別な人たちで、僕たちとは別世界の人間だろう。

だいたい、世の中を狂ったように変えていく人たちは恐ろしい存在だ。その人たちと仕事をしようものなら、たちまちこちらは食われてしまうか、踏み潰されるか、跳ね飛ばされてしまうのではないか。近づくことさえ、できないのではないか。

だから、遠くから見ている。できるだけ遠くにいれば、被害を受けずに済むし、穏やかに生きていけるかもしれない。

しかし、川は源流から下流へと流れていく。

源流にいる怪獣人間が暴れ、しばらくして増水した川に驚き、その泡沫を浴びて、自分たちの生き方や生活にわずかな変化をつけて楽しむ。

わざわざ怪獣たちが暴れているところに飛び込む必要はない、と考える人は多い。

しかし、下流で穏やかに生きるだけでは、新しいものはつくれない。

僕はそういう安心安全な生き方を選ばなかった。

源流にはすごい才能を持った怪獣人間がいっぱいいる。源流まで行くと、世の中の常識に囚われることなく、日々熱狂しているとんでもない人たちがいる。

怪獣であり人間。人間であり怪獣。その破壊力はすさまじい。世の中をガラリと変えてしまう力がある。あるいは社会全体を敵に回すかもしれない危険性を孕む。常識を疑い、常識に囚われない人たちだ。

たったひとりで世界を劇的に変えてしまう。

怪獣人間と話は通じるだろうか？　喰われることなく怪獣人間と仕事をする方法はあるのか？　どのような距離感が最善なのか？

「なかなか著者の懐に入れない」

この本の企画は、本書の担当である新人女性編集者のそんな悩みから始まった。

ひと癖もふた癖もある人たちと本をつくっていく僕のスタイルを見て、そこに特別な気遣い、気配りがあると思ったらしい。

でも僕は気配りはできない。どちらかというと無礼な人間だ。気配りや気遣いを人に語ることは難しい。

すると今度は、距離感の詰め方、コミュニケーションの取り方について教えてほしいという話になった。

僕が癖の強い人と、友だちのように遊び、SNSで絡み、仕事につなげていくやり方に何かコツがあると思われたらしい。

たしかに僕は面倒臭そうな、ややこしそうな、怖そうな「怪獣人間」に近づいて、距離を詰め、自分の仕事につなげてきた。僕の生き方に、それがうまくハマった。

怪獣人間との出会い

最初に出会った怪獣人間は、与沢翼だった。

当時、まだ編集者にもなっていなかった僕は、上司のムチャ振りから与沢翼の雑誌をつくることになって、付き人のように毎日一緒にいた。ロールスロイスに乗り込んで隣で話を聞き続けた。時代が生み出した吹き出物のような存在を特等席で見た経験は貴重だった。スピード感、影響力、決断力すべてがそれまで僕が生きていた日常とは違っていた。

こういうことをするから世の中が騒ぐのか。ここまでやると警察が動くのか。世の中にはこんな世界があるのかと驚いた。

与沢翼は僕のつくった雑誌「ネオヒルズ・ジャパン」の発売日に書類送検された。おそらく警察は発売日に合わせてきた。運転手への暴行容疑で、最終的に不起訴になったが、僕が知る限り与沢翼は暴力をふるうようなタイプではなかった。

それでも、世の中を騒がせすぎると、事件にされてしまう。

同時にそれが大ニュースになり、その雑誌はアマゾン総合ランキングで1位になった。SNSでは与沢翼の話題で一色だった。

「発売日に与沢が逮捕」という言葉がネットに躍《おど》った。混乱する社内を横目に僕は全身で興奮していた。

こんな刺激的なことがあるのか。言葉を選ばず言えば、放火魔になった感覚。少し世界の輪郭に手を触れたような気がした。

この体験が忘れられずに、もっとやばい人、もっと歪《いびつ》な人と仕事をしたいと思うようになっていった。

正しいか正しくないかではなく、面白いか面白くないかが判断基準

そもそも結末の読めるストーリーは安心だ。でも驚きもなく、心が躍ることもない。そういう生き方を選ぶことも選択肢のひとつだろう。

だけど、僕は選ばなかった。いや、むしろ怪獣人間との刺激的な人生を知ってしまったら、まっとうな世界に戻れなくなった。

最初から、怪獣人間と仕事をすることを狙っていたわけではない。

なんとなく、「こういう人、好きだな」と感じた人が、世間から見ると変な人、やばい人で、たとえば周りが「そんな人に近づくのはやめたほうがいい」と止めるような人たちだった。

本を売ることを生業《なりわい》にしているからには、面白い本をつくってできるだけたくさん売りたい。

たとえば池上彰さんとか真面目な先生の本で100万部売っている編集者に、僕は嫉妬しない。だけどガーシーの本をほかの編集者が出してヒットしていたら、悔しいし、自分でやりたかったな、と思う。

僕は正しいことより楽しいことをしたい。編集者としては面白いか面白くないかの判断でジャッジしたい。

ガーシーが逮捕されたからといって本を出したことを後悔なんてしていない。逮捕されるかされないかは、有罪か無罪かというジャッジだ。それは警察や裁判所の仕事だ。

もちろん法治国家として法律は前提だけれど、有罪か無罪かを決めるのは僕の仕事ではない。僕は編集者として面白いか面白くないかで仕事をしている。ガーシーが出所して、また面白いことになったら、誰が止めようとまた本を出したい。

怪獣人間に関わりたい。それは、半分は本を売りたいからで、半分は僕の偏愛だ。僕は、ややこしい案件に関わりたい。身体の中から求めてしまう。

街中でケンカをしている人たちがいたら、そこは見ないようにして、遠ざかる人が多いだろう。でも僕は、なんでケンカしているのか知りたいし、できれば入っていきたい。

いざこざに巻き込まれるのが、面倒なのに好きなのだ。

夜、寝れないときには、YouTubeで「ロシア人　喧嘩」とか「伊藤リオン　沖縄喧嘩」とかわざわざ検索して乱闘動画を見てしまう。

これは、僕の根源的な欲求なのかもしれない。何かややこしいことが起きたら近づきたい、スキャンダルが起きたらその裏側にいたい。

「この人のことを本にしたい」と熱く思えなければ最後まで全力で取り組めない。本をつくって、たくさん売るためには熱が必要だ。熱狂が必要だ。経過には責任は持てず、結果にだけしか責任は持てない。だから本をつくってる途中でも、なんかつまらないと思ったら、なんか普通だなと思ったら手が止まってしまうこともよくある。

社会人としては失格だけど、編集者としては締切だけを守る編集者より誠実な気もする。

世の中の闇を暴きたいといった気持ちもない。社会正義とかどうでもいい。

僕は世の中の「こうあらねばならない」、「こうしないといけない」という空気をただ壊したい。

真っ当に生きろ、正しく生きろ、はみ出すな、という同調圧力に対して、「ほら、ここにそんなことに囚われていない人たちがいる」と言いたい。

だから世の中と混ざり合わない異物を本にしてきた。

ガーシーの意見や生き方を肯定しているわけでも否定しているわけでもない。

ギャンブルで金を失い詐欺までして、ドバイへ逃亡。なのに選挙に出て、国会議員になって除名になり、しまいには国際指名手配され逮捕。

この間わずか1年。映画ではなく現実にこんな生き方をしている人がいたら本にしないわけにはいかない。

毎日会社で仕事をして常識の中できちんと生きている人からすれば、「世の中にはめちゃくちゃな人がいる」と思えるだろう。「自分の悩みなんて、大したことじゃないんだな」と感じる人もいる。「そこまでやる人がいるなら、僕も挑戦してみようか」と考える人もいる。「あいつよりは自分はまともだから大丈夫」と安心する人もいる。

予定調和が壊れたものこそ面白い

「会社へ行きたくないな」と適当に理由をつけてサボる。あるいは面倒臭そうな会議を、なんだかんだ言ってパスする。自分はダメ人間だなと落ち込んでも、国会に出ないガーシーより怒られることはない。

怪獣人間たちのとんでもない生き方を知ることで、窮屈な自分の人生をちょっと緩めることができる。自分の人生を少し自由にできる。

怪獣人間を知ることによって現実や常識が破壊され、その切れ間に一瞬本当の自分が見える。僕はそれを見せたい。

多くの人は編集者じゃないし、ガーシーやホリエモンやゴーンや見城さんみたいな怪獣人間とは縁がないだろう。

しかし、どのジャンルにも怪獣人間はいる。どのジャンルでも源流があり、まったく新しいものごとは、そこから始まっている。

太陽と同じで、遠くにいれば居心地がいいが、近づいたら火傷をする。しかし怪獣人間の近くにしかない面白さがある。

ダイナミックに世界が動き、金や人がうじゃうじゃ集まっている。

ＡＩが発展し、機械的で事務的な仕事には価値がなくなる。人間同士の、内臓と内臓を擦り合わせた血みどろの感情ゲームにしか動かせない領域がある。

この本は、怪獣人間の生態を理解し、いかにして発見し、接触するか。関係を深め、仕事の成果に結びつけるかを書いている。

ヤバい人の本をつくってきた、僕の編集論のすべてだ。

怪獣人間と出会うことで、普通に生きていたら出会えないような経験ができたり、とてつもなく面白い仕事に携わることができる。自分の「当たり前」の基準が変わり、「飛躍的に成長することもできる。

これはほかの仕事をしている人にも参考になると思う。

たしかに怪獣人間とコミュニケーションを取ることは簡単ではないし、編集者としての僕のやり方は少し極端で普通に生活するうえで簡単に実行できない話もあると思う。

しかし、エベレストに登れるように特訓すれば富士山は余裕なように、この本を読めば、職場や取引先とのコミュニケーションや人間関係の悩みは、なんてことないなと思えるはずだ。

人生は人との出会いで驚くほど変わる。

さあ、怪獣人間に出会う旅を始めよう。

怪獣人間の手懐け方　目次

CHAPTER 3
［発見編］怪獣人間はどこにいる？

CHAPTER 4

［接触編］怪獣人間は初対面が9割

CHAPTER 5

［捕獲編］怪獣人間と渡り合うための掟

CHAPTER 8

［怪獣人間図鑑編］怪獣人間はあまりにも魅力的だ

ブックデザイン 都井美穂子
カバーイラスト 小林マキ
編集協力 舛本哲郎

CHAPTER

1

［生態編］

怪獣人間とは何か

努力では埋められないモノがある

NO.
01

そもそも怪獣人間とは何か？　ここでは怪獣人間の生態を丁寧に解明していく。見極めを誤ると大ケガをすることになるからだ。

怪獣人間は、稀少ではあるが確実にいて、世の中を大きく動かし、多くの人に影響を与えている。

普通に生活している僕たちからすると、彼らは遠い存在に見えるかもしれない。怪獣人間は、努力ではなく生まれつきの才能であり、改善ではなく革命的なことをやる。

怪獣人間より賢くて、仕事ができる人はいるだろう。

『ドラゴンボール』で言えば、死ぬほど努力すればクリリンまではなれるかもしれない。でも努力してもスーパーサイヤ人になれるわけではない。

モノが違うのだ。

「個体の掟」で生きていて、世の中の倫理や常識、世間の空気なんか気にしない。自分ですべてを決めていく。

努力次第で、成功はできるかもしれない。でも、ホリエモンとかエイベックスの松浦さんとか、ソフトバンクの孫さんみたいな怪獣人間になるのは難しい。

こういう人たちは、常識の範囲から大きくはみ出している。努力だけでは到達できないところにいる。

怪獣人間はそれぐらい、ある意味で飛び抜けていて、しかもある意味で狂っている。発想そのものが違う。過去の延長ではない。どうしてその発想に至ったのか、よくわからない。

「無理だ」と笑われたとき、あきらめる人は多い。しかし、怪獣人間は、思いつきをすぐ行動に移せる。いまの世の中を、いまのルールを根底から疑う筋力がある。

「これが常識だ」とされていることも、昔は非常識だった。時代と共に常識も倫理も変わり、だいぶ遅れて法律が変わる。

怪獣人間は「いまの世の中はおかしなことばかりだ」と常にイライラしている。なんでふらっと月に行けないのだ？　おかしいじゃないか？　と考えるからイーロン・マスクはロケットを開発する。前澤友作はそれに乗ろうとする。

怪獣人間とは、世界を前に進め、新しい景色を見せようとする存在だ。

詐欺師を見抜け

NO.

02

まずは、怪獣人間を見抜く正確な目を持たないといけない。

怪獣人間は、ぱっと見ではわからない。

メラメラ燃え盛る赤い炎のタイプもいれば、静かに燃える青い炎のタイプも多い。

たとえばサイバーエージェント社長の藤田さんや、メルカリ社長の山田さんの第一印象が怪獣かと言えば、そうではない。

山田さんも藤田さんも偉そうにはしない。強いオーラで威圧したり、場を制したりもしない。

でもパッと本質を突く。山田さんはみんながいろいろ複雑なことを考えているところで、シンプルにサッとど真ん中を言い当てる。

藤田さんは飲み会でもずっと聞き役なのに、帰り際にひと言、全員が印象に残る言葉を発する。よく研がれた包丁は切れていることにも気付かず出血してしまうが、それに近い。世の理《ことわり》を過不足なく言葉にする能力に長けている。

そういう場に出会うと、この人も怪獣人間だなと感づく。見た目や雰囲気、表面だけではわからない。

一方でいかにも怪獣人間っぽい雰囲気を出している人はだいたい単なる人間だ。みんなすぐにダマされる。

派手な服、イカついスーツ、ハイブランドの装飾品。すごそうな実績、分厚い財布、キラキラした人脈。こういうものをひけらかす人間。カネ持ちのフリした詐欺師だ。

独特な世界観、知り合いしか行かない個展、代々木上原のバーテン、素材にこだわった服、丸メガネ、メンズモデルの知り合い、クラウドファンディングで自主映画制作。クリエーターのフリした詐欺師だ。

その人の言葉をきめ細かく聞けば、見抜くことができる。大袈裟ですごそうなのに、中身が薄く、解像度が低く、よく聞けば普通のことしか言ってない。

見城さんがよく使う表現だと、オリジナリティのある作家は「原色」をつくることができる人。赤とか黒とか緑とか原色を生み出す。赤と白を混ぜてピンクにするような、何種類かの色を混ぜ合わせて新しい色を出すのではなく、混じりけのない

「ホリエモン色」とか「イーロン色」をつくってしまう。

原色を創り出せる怪獣人間たちは、圧倒的に大きな仕事を生み出す。まったく新しい製品、サービス、価値観はそこから生み出される。

頑張って努力して、それなりの成果を出す人もいるものの、到達した地点は、あくまでも過去からの延長線上にある。どんな大きな会社でも創業者のレールを延ばしているだけのサラリーマン社長は怪獣人間ではない。

怪獣人間は誰も見たことのない「原色」を出すことができる人たちだ。

怖い人は、なぜ怖いか

NO.

03

僕たちがホリエモンのオンラインサロンを真似して、努力でそこそこうまく行くことは可能だ。

しかし、10年前に「ロケット飛ばすぞ」なんて言えただろうか。言うだけではなく、実現のためにずっと頑張り続けることができるだろうか。

怪獣人間は、大多数の人が絶対思わないこと、思っても本気で努力できないようなことを、全力でやり続けている人たちなのだ。

ジョブズのiPhoneもそうだ。当時はガラケーの全盛期だった。その延長からはiPhoneは生まれなかった。

ガラケーのデザインをよくするとか、小さくするとか、機能を改善する人たちは大勢いたけれど、スマホを実現したのはジョブズだけだ。それが世界で支配的なシェアになるなんて思う人はいなかった。

時代を変えるような人たちは、だいたいが常識からするとおかしい人なので、いわゆる「人間ができている人」とは限らない。そもそも常識的だったら常識の範囲内でしか動かないのだから、斬新なものは生まれてこない。

古いものを破壊し、新しい何かを生み出す人は、非常識な人だ。おそらく、事業に限らず芸術でもスポーツでも、どの分野でもそうだろう。

怪獣人間は、常識からズレているから普通の人からすると怖い。

しかしビクビクしていると、ドンドン追い詰められる。本人はそれほど意識しているわけではないが、ビクついている人を見ると「なんでビクついているんだ」と詰め寄る。ビビっていると、仕事もあたふたしてミスを連発し、それでまた詰められておかしくなってしまう。

ゴキブリは怖いが、よく似たカブトムシは大人気だ。なぜか。ゴキブリは超高速で予測不能な動きをするからだ。とんでもないスピードで走る、いきなり翔ぶ。こちらに向かってくる。予期できないから怖い。

もしゴキブリがカブトムシくらいゆっくり動く昆虫だったら、「かわいい」と言われたかもしれない。

怪獣人間の怪獣であるところは、予測不能。何をするかわからない。その怖さに多くの人はビビってしまう。

実際、パンチ力がものすごい相手とリングで向き合うような威圧を、僕も感じることがある。怪獣人間はオーラをまとう。オーラの源泉はその人が重ねてきた修羅場の数、人脈の濃さ、さまざまな非条理な状況を跳ね除けてきた凄味だ。予測不能な動きをするのも、特別な経験をしてきた怪獣人間にしか見えない景色があるからで、彼らにとっては合理的なのだ。

ユーチューバーはいいかげん

NO.

04

怪獣人間は進化を続けている。

いまは人の興味関心も分散化しているので、「みんなが知っているあの人」のような、時代を代表する存在は出にくい。

さらにSNS社会では目立つと早めに潰されてしまう。一般人との距離が近くなっていて、大衆が結託して怪獣になりそうな人を引きずり下ろしてしまう。

聖人君子のようなイメージで活躍している人にとってはつらい時代だが、週刊誌に狙われ、何度も炎上し、ある種の身体検査を終えている人は怪獣人間としてより強くなっていく。

人間なんてみんな、人には言えない事情を抱えたり異常な性癖を持って、マトモそうな仮面をかぶり社会生活を営んでいる。

光の当てる角度を少し変えるだけで、善人に見えたり鬼畜《きちく》な極悪人に見えたりする。大きな失敗や恥を全世界に暴かれる、スキャンダルや炎上というのは、怪獣人間における通過儀礼であり、最初の自己紹介のようなものだ。

怪獣人間というのは、その儀式を経て、本性丸出しの存在になる。

ホリエモンもいろいろ書かれてきた人だが、最終的に、ニューハーフと3Pしたという記事が出たときに、「完全に自由になった」と言っていた。失うものがあるから弱いわけで、失うものがなければ最強になる。

へずまりゅうのような迷惑系ユーチューバーはもちろん、DJ社長とかヒカルたちの世代は、炎上もコンテンツに過ぎないと考えている。

ヒカルやDJ社長は新たな怪獣人間だ。すべての失敗を飲み込む新しい存在で、倫理感や常識は僕ら世代とは違ってきている。僕でも「それ、やばくない?」と思うことを、「いや、ネタっすよ」と返されてしまう。

ある種のいいかげんさ、勢いとノリ。怖がらなさは、強みだ。新しいタイプの「シン・怪獣人間」だ。

コミュニケーションの取り方も違う。めちゃくちゃいいかげんだ。

ユーチューバーのいいかげんさは、ユーチューブという媒体がいいかげんでなければやっていけない性質だからだ。常に反射的、突発的に動けることが重要だ。

僕らテレビ世代とか出版世代は、しっかりつくり込んでから納品する。

ユーチューバーは、走りながら考えて、この瞬間に撮り始めたりする。日常と生産の距離がものすごく近い。

そこに、ある種のいいかげんさが生じる。スケジュールもどんどん変わるし、約束も守らない。「約束したから来週集まってやろう」では面白いものはつくれない。いま、動画を回す。

だからＤＪ社長をはじめ、新世代のユーチューバーたちとは基本、丁寧な連絡が来ない前提で仕事をする。コミュニケーションが根本的に変わっていて、ＳＮＳネイティブな彼らは情報量が爆発している。返信や既読など、全部しっかりやることをハナからあきらめている。

怪獣人間も進化を繰り返しカタチを変え続けているのだ。

怪獣人間攻略チェックシート

1

□ 怪獣人間は源流に住んでいる

□ 怪獣人間は0から1を作り出す存在

□ 怪獣人間は一般的な常識や倫理に従わない

□ オリジナルをつくり出せない人はニセモノの怪獣人間

□ 怪獣人間は時代によって進化を続けている

CHAPTER

2

［獲得目的編］

怪獣人間と付き合うメリット

僕がイイ案件にイチ早く出会えるワケ

NO.

05

さて、怪獣人間の生態を説明してきた。

では、食い殺されるリスクを冒してまで怪獣人間に近づくメリットは何か。極めて打算的に言えば、「イイ案件にイチ早く出会える」のだ。

僕は流行に敏感でも時代の最先端にいるタイプでもない。でも僕が本でもサウナでも企画すると、ちょうどドンピシャで世間の関心が集まることが多い。これは時代に鼻が利くわけでもセンスがいいわけでもない。

怪獣人間はいま1番面白いテーマ、1番面白い場所、1番おいしい店を知っている。半年先の流行をいま、感じている。

怪獣人間たちと飲み会で話している話題に感度が高い人が食いつき、局地的に盛り上がっていく。そしてテレビが取り上げ、全国的な現象になっていく。どんな流行も、だいたいこの流れだ。

怪獣人間たちと源流で遊んでいるだけで、「次はこれが来るな」とわかる。

たとえば、すでにサウナの次に来るものを模索している人たちがいる。

小橋賢児くんはイスラエルの死海のような塩分濃度の水に入って胎児状態に戻

る体験をプロデュースしている。僕もそのレセプションに参加したものの、まったく理解できなかった。

でもそれがそのまま流行るということはなくても、なんとなくそのエッセンスを言語化してみる。野生を目覚めさせるような体験が流行るのかな、とか、自分と向き合う瞑想みたいなことが流行りそうだなとか。そういう着想を常にプールしておくと、ここぞというときに企画になる。

最先端を追う人の言っていることは早過ぎて普通は理解できない。原液は濃過ぎて飲めないが、その原液に価値がある。それは水割りになったり、ソーダ割りになったりして、いずれ世間に広がっていく。

ワールドカップのカタール大会のときに、サウジアラビアへ寄った。観光客の受け入れを開始したばかりの未知の国。

砂漠のど真ん中にホテルをつくり、全面鏡張りの狂ったレストランを建てている。オイルマネーで金銭感覚は桁違いだ。これから世界を席巻する経済規模。世界的サッカープレイヤーを買い漁っている。世界人口の4分の1はイスラム教徒になるということを聞いた。イスラム教徒は豚やアルコールを使用しないハラルと呼ばれる食事しか食べない。

そんな源流の情報を得て、考える。

僕は自分でやっているラーメン箕輪家のハラル版を開発した。ドバイやマレーシアなどのイスラム圏の国に進出するつもりだ。ラーメンは日本一が世界一だ。もしかしたら大きく当たるかもしれない。

昔は1番面白いところ、怪獣人間の溜まり場に、テレビ局のプロデューサーや雑誌の編集者がいたが、いまはほとんど見ない。

いまは起業家やユーチューバーだ。

いつの時代でも、一番面白いところにお金も集まるし、面白い人も集まる。その中心に、怪獣人間たちがいる。

怪獣人間たちと仲良くなって、源流に行くことで、新しい企画ができる。二番煎じ、三番煎じにならない。

「この人をスターになる前から知っていた」というポジションにいることは大

きな差を生む。ニュースになる人、騒ぎになることに、早い段階で何かしら関わっていることが大事だ。

ある日「週刊文春なんですが」と電話が来た。何かと思えば、WBC中にダルビッシュさんが僕のラーメン屋に訪問したことについて教えてほしいとのことだった。

すると電話を切る際に、「ガーシーさんのドバイでの逃亡生活についても聞きたい」と言われた。

とにかく僕のもとにはニュースのネタが日々舞い込んでくる。いい話も悪い話も、あらゆる話題の裏側を見ることができる。この世あらざるものをつくりたいなら、そこに飛び込んで行かないといけない。

怪獣人間と付き合えば流行の渦の中に飛び込める。その激流に耐えることさえできれば、誰もまだ見たことのない大きな果実を手にすることができるのだ。

NO.

06

自分の限界値はいかにして上げるか

怪獣人間と付き合うもうひとつのメリット。それは、自分の限界値が上がることだ。怪獣人間との出会いが、僕の限界値を大きく引き上げていった。

よく昔から飛び抜けた人の「カバン持ち」をするといいといった話は聞く。僕も身をもって感じた。付き人やカバン持ちは、その人の行動をつぶさに見ることができる。能力や知識は他の方法でも得られるが、明らかに突き抜けている人は、そもそも積んでいるエンジンが違うから、その言動を間近で見ていないと肌感覚として理解できない。

仕事をこなすスピード、決断のスピード、会う人の多さを含めて、怪獣人間の日常は異常値だらけだ。

自分の限界値をその異常値まで持っていければ、人生は変わっていく。

それは本だけでは学べない。

僕もそうだった。何かを教えてもらったというよりも、体感してすべてが変わった。

与沢翼、ホリエモン、見城徹、松浦勝人。こういった人たちそれぞれにひたすら付いて回った時期がある。

仕事の量と質、スピードと力の入れ方などすべてに圧倒された。たとえばホリエモンは、ベンチプレスの合間に息をゼイゼイさせながらスマホで仕事をしていた。当時は異常な多動症だと思ったが、いまの僕はそれを当たり前だと思う。「あの頃は、そういうことが異常だと感じるレベルだったんだな」と懐かしい。いまでは僕もフットサルをしながらズーム会議をしている。

怪獣人間に出会うということはサッカー選手が海外移籍をして自分のレベルを根本から変革させることに似ているかもしれない。

Jリーグで活躍する選手がプレミアリーグやスペインリーグなど、世界トップレベルのリーグに移籍すると、プレーの激しさも体つきも見違えるほど変わる。驚くほどレベルが変わる。

日々自分の限界値が引き上げられる厳しい環境に飛び込んでこそ、人生は開けていくのだ。

水槽の中の金魚になるな

NO.

07

怪獣人間たちをずっと見てきて、自分も徐々に行動スタイルが変わった。

怪獣人間に近づくメリットはそこにある。

よく「変わりたい」という人もいるのだが、本を読もうが講演会に行こうが、同じ環境にいては変わることはできない。

怪獣人間に近づくことで、細胞レベルで変化し、人生は大きく変わる。

世の中の平均から引き上げられていき、いままでの自分がいかに枠の中で生きてきたか実感できるはずだ。

怪獣人間と一緒に仕事をしていると、サラリーマン的に仕事をしていた自分では想像もしなかったスピードで走れて、リスクにも平気で踏み込んで行けるようになる。

経営コンサルタントの波頭亮さんは、特別な人だけが受ける大企業の社長候補の研修をしている。何をやるか。お勉強ではない。

研修生に、生卵を5個飲ませたりするらしい。たいがいの人は、卵は1日1個。何より飲まない。それが常識になっている。しかし、よく考えればそんな決まりはない。「だいたい、こういうもんだ」に、僕たちはかなり支配されてしまっている。その思い込みを、外していく研修なのだ。

仕事だろうがなんだろうが新しいことをやるためには、常識を崩したり超えていく力が必要だ。「そうに決まっている」を壊していかなければ実現できない。

ホリエモンは「朝からアイスを食べろ」と言う。

アイスは夜食べようが朝食べようがいいはずだ。だけど、朝一番にアイスを食べる人はほとんどいない。誰かが決めたわけでもないのに、みんな「そういうもの」としている。

なぜそれが「当たり前」なのか。あらゆることを疑い「それは当たり前ではない」と言って突破する発想と行動力を身に付けることが、仕事や人生で別次元の結果を残す条件だ。

田端信太郎は『ブランド人になれ！　会社の奴隷解放宣言』で金魚鉢《きんぎょばち》理論を紹介している。

金魚を水槽で飼っているとする。その水槽の半分ぐらいのところに透明の板を入れる。次第に金魚は半分の範囲で泳ぐことに慣れていく。

ある日、透明の板を取る。すると半分の狭さで生活していた金魚は、板がなくなっても板の内側から出ていかない。

いまだに仕切りがあると勝手に思い込んでしまっているのだ。

それがいま、僕たちの生きている世の中だ。透明な板があると思い込んでいる。ダメだ無理だと勝手に自主規制している。

怪獣人間は仕切りの板を軽々と打ち破る。仕切りの存在にそもそも気づいてすらいない。そういう人たちと一緒にいると、あらゆる思い込みを「そんなの関係ない」と突破できるようになるのだ。

圧倒的な成果は仕切りの外側にあるのだ。

環境があなたの「当たり前」を変える

NO.

08

本田圭佑は、近畿大学の卒業式で講演したとき「環境にこだわれ」と言っている。努力しても成果が出ないとすれば、環境が悪い。もっと自分の環境にこだわるべきだと。

みんながプロになるような強豪校のサッカー部に入れば、当たり前の基準が上がる。練習のレベルも節制の厳しさも激しくなる。周りがそれを普通にやっているから、自分も普通にやるだけで大きく成長できる。

一方で初戦敗退するような弱小校のサッカー部に入ると、当たり前の基準が低く、走り込みをサボったり練習帰りにお菓子を食べたりする。その環境で自分だけ努力しても大きく成長することはなかなか難しい。

人は自分の置かれている環境を「当たり前」だと思ってしまうのだ。

怪獣人間は基本的に世の中の常識や決まり事を嫌う。そういう人と一緒にいると、あらゆる当たり前が、「いやこれは当たり前でもなんでもない」と思えるようになる。

前の会社の双葉社で見城さんの『たった一人の熱狂』を出したとき、重版の搬入日を「2日前倒ししろ。売り時を逃すぞ」と言われた。

僕は会社の営業部に相談すると「そんなの無理だし、ありえないよ」と言われた。それを見城さんに伝えると、「箕輪、よく聞け。無理はな、通すためにあるんだよ！」と怒鳴られた。結果、どうにかこうにかして2日前倒しされ、またたく間にベストセラーになった。

幻冬舎に移籍し、怪獣人間と過ごすようになったある日。

ホリエモンから飲み会で「明日カルロス・ゴーンに会いに行くぞ」と言われ、その瞬間にレバノン行きの航空チケットを僕は取った。同席していた人は「いや、いきなり前日に。無理でしょ」と誘いを断った。

僕はすでに当たり前が変わっていたから、平気で行けたのだ。

自分の当たり前は関わる人で変えられる。

出会う人の濃さが人生の濃さだ

NO.

09

会社組織では、労働基準法みたいな労働者を守る決まりが「当たり前」をつくっている。たとえばイベントを企画するにしても「1カ月前に申請してください」と言われてしまう。「そうじゃないと無理です」と。こうした仕組みの中にいると、成果はどんどん常識的になっていく。

怪獣人間たちは、そこを突き破る。「無理だからやるんだ」と。まるで労働基準法といった言葉を知らないみたいに。

そして無理をしない組織とはまるで違う動きをして、圧倒的な成果を上げる。

ワールドカップカタール大会に行った。日本代表の試合の合間は3日間。カタールでのんびりすればいいのかなと思っていたら「プライベートジェットなら、サウジアラビアとエジプトに行けるよ」と言われ世界遺産をハシゴした。サウジアラビアの世界遺産から2時間もすれば目の前にピラミッドがあった。

前澤さんとは寿司だけを食べにプライベートジェットで福岡に行った。翌朝前澤さんは韓国にいた。

満員電車で2時間かけて通勤していた僕からすれば、怪獣人間たちの人生は濃密過ぎる。当たり前の基準がおかしい怪獣人間と一緒にいると、こちらの基準値も変わる。

いまの時代は幸か不幸か、会社に入ったら厳しい環境にはなかなか出会えない。起業したり、オンラインサロンに参加したり、カバン持ちをやったりするしかない。

たとえば、学校を出て社会人になったとき、その職場の同僚や先輩や上司の頑張りを見て、「自分もこれぐらい頑張ろう」と思うだろう。それが基準になっていく。だけど、周囲のその基準は、世界的に見てどのぐらいのレベルにあるのかはわからない。それが、金魚鉢の透明な板になっている。

僕も双葉社に入って、みんなすごいと思ったけれど、見城さんに出会って、幻冬舎の職場を見たら、もっとすごい。「みんな化け物だ」と感じた。基準が違うことに気づいた。さらに会社を飛び出して自分で事業をやったり、起業家たちと仕事をするようになると、もっともっとすごい世界があると知る。

自分の基準値を変え環境をレベルアップしていくことで、どんどん景色が変わっていく。

これまで「みんな優秀だ」「化け物しかいねえ」と思っていた環境が、スローモーションのように見えてくる。

出会う人の濃さが人生の濃さだ。

怪獣人間攻略チェックシート

2

- □ 怪獣人間と出会えば至極の案件に出会える
- □ 流行も事件も怪獣人間が仕掛けている
- □ 怪獣人間との出会いが自分の「当たり前」を変える
- □ 人間は知らず知らずのうちに自分に制限をかけている
- □ 濃密な人生を送りたければ怪獣の世界に飛び込むべきだ

CHAPTER

3

［発見編］

怪獣人間はどこにいる？

すごい人の近くにいることがすごい

NO.

10

特別な才能がない人間にとって、怪獣人間の近くにいること自体が価値だ。

僕たち凡人は、源流にいる怪獣人間に食い込まなければ、大きな仕事はできない。

怪獣人間が0→1を生み出す。その1が生み出される瞬間に立ち会う。その近くにいることが絶対条件だ。1が100、1000が10000になってから参加するのとは価値が違う。

僕は編集者として、新しい企画や売れそうな企画が立ち上がる瞬間に立ち会いたい。

名カメラマンの篠山紀信さんが言っていたのだが、いいカメラマンとは、写真がうまい人ではない。撮るべき人の前でシャッターを押せる人である。

いまこの瞬間にも、たとえば大谷翔平の目の前に立てる人は、それほど多くはない。そこにいること自体が価値だ。時代を象徴する人の前に立ってシャッターを押すことができるのが大事なのだ。

よくツイッター（現・X）やヤフコメで「箕輪って話題の人の本を出してるだけ

で何がすごいのかわからない」というコメントを書かれるのだが、話題の人の横にいることが最も重要なのだ。彼らは一生すごい仕事はできない。

これは編集者に限った話ではない。おそらく大きな仕事をしたい、ほかの人がやったことのないような仕事をしたいと思っている人にとっては、みな共通しているのではないか。

オリジナルを生み出す怪獣人間の近くにいることの大事さは、クリエイティブな仕事に限らないはずだ。

それぞれの業界に、圧倒的な才能を持った新人、時代を動かしているスター、誰もが憧れるレジェンドがいるはずだ。

そういった怪獣人間たちは源流にいて、半年後、1年先に世の中がアッというものを仕込んでいる。下流にいる多くの人たちは、上から流れてきた薄まったものの、遅れたもので勝負するしかない。そこには、圧倒的な差がある。

スティーブ・ジョブズのような怪獣人間と一緒に仕事をすれば、おそらく死ぬほど大変だ。だけど、めちゃめちゃ大きな仕事になるし、歴史的な仕事になる。

「怖いし大変だから、できればそういう人からは離れていたい」と思って、振り回されない安全なところで細かい仕事をするのもありだが、いつもそれでは楽しくない。

大きなビジネスの源流を辿れば、そこに怪獣人間がいる。自分は特別な人間ではないからこそ、怪獣人間と出会い、仕事をする。

その立場こそ価値なのだ。

人を見抜く嗅覚を磨け

NO.

11

僕が気になる怪獣人間には起業家が多い。僕はそういう人たちが好きだと思われているので、いろいろな人が引き合わせてくれたり、場をセッティングしてくれたりする。

そういう人たちが出入りするコミュニティがある。だから一度そのコミュニティに入れれば、次々と怪獣人間の近くへ行ける。

居酒屋で一緒に飲んでいた人が、いきなり売れて露出が増え、社会に認められていき、居酒屋から高級レストランに、飛行機がエコノミーからビジネスクラスへ変わり、芸能人との熱愛をキャッチされる。そんな変化を毎日のように舞台袖から見ているような感覚だ。これは楽しい。

ガーシーも本をつくっていく中でどんどん時代の寵児になって国会議員にまでなって逮捕されていった。それを横で見ている異常さ。

ビッグモーターの元幹部の人の本を作っていると、本が出るときにビッグモーターが社会問題になる。まるで僕が黒幕かのように次から次に騒ぎが起きる。

自分が時代を動かしているわけではないが、時代を動かしている人たちの横にいる経験は、それほど多くの人ができるわけではない。編集者をやるからには、こうなりたい、と思っていた。

舞台の袖から怪獣人間たちが真剣勝負しているのを見ていて、終わった瞬間、肩を組んで喜ぶ。格闘技のセコンドみたいな感じで真っ先に水を出す感じ。勝っても負けても抱き合うみたいな近さ。

怪獣人間と付き合うことで、そんな喜びに浸ることができる。

元犯罪者だろうが自分が面白いと思えば誰にでも会いに行くべきだ。

むしろ避けたほうがいいのは、世間的には話題だが、自分のアンテナが反応しない人だ。

「いま流行りの」とか「いま話題の」だから出会いに行くというのは、どこかでうまくいかなくなる。

みんなが面白いという人でも、自分が熱狂できないなら近づかないほうがいい。

「この人、いまバズっているから本にしよう」と、好きでもない怪獣人間に手を出すと、だいたい一緒に落ちていく。このあたりは感覚的なのだが、間違いない。

一方でいまどんなに人気がなくても、絶対に才能があると思うのであれば、付き合い続けることだ。いつかどこかで時が来る。

つまり、世間が怪獣人間をどう評価しているかは鵜呑みにしてはいけない。あくまでも自分の感覚に従う。

評価や善悪は、時代が決めたり世論が決めたりするだけのこと。それはものすごくいいかげんだ。スティーブ・ジョブズでさえも、Appleを追い出されているし、ホリエモンだって逮捕されて悔しい思いをしている。

いま「あれは危ない人だ」と言われている人だって、時代が変われば人気者になるかもしれない。怪獣人間を善悪で判断しているようなら、大きな仕事や面白い仕事に近づくことはできない。怪獣人間にも相手にされない。

評価されてからでは遅い場合もある。「なんだかあの人はおかしい」と怪しまれている段階で、近くへ行って自分の目でよく見たほうがいい。「なんだ、こいつは」と感じたら、離れるのではなくむしろ接近する。それが僕のやり方でもある。

時間軸を変えてみる。人の評価がどう変化しているか、少し調べてみればいい。

いまは「危ない人」と呼ばれても、10年後には評価されるかもしれない。その人が新しい時代をつくってしまうかもしれない。新しい常識をつくってしまうかもしれない。

その逆もある。いま「イケてる人」が数年後には表舞台から消えているかもしれない。

怪獣人間は、そもそも常識からズレている。世間的な判断で決め付けず、自分なりの嗅覚を磨くべきだ。その怪獣人間が、何か新しいことを言っていて、新しい何かを生み出しているのだとすれば、付き合うべきなのだ。

1日10時間
スマホを触れ

NO.

12

怪獣人間をいかにして見つけ出すか。

僕は怪獣人間や怪獣人間っぽい人たちを、ざっと30人ぐらい頭の中にずっと入れていて、間接視野でウォッチしている。

あの人はあんなことをやっている、この人のこんな話題が盛り上がっている、いま伸び悩んでいる、やりたいことを見失っている、グングン成長している、といったことを絶えずなんとなく意識している。

だから、企画書を書くために調べるというよりも、常にいろいろな企画が自然に頭の中に浮かんでいる状態だ。

遊んでいるときも、四六時中考えているから、1番いいタイミングで「いまだ」とすかさず声をかける。仕事につなげる。

頭の中が怪獣人間の養殖場みたいになっている。誰かに本を依頼しようとして、その人のことを調べて、そこから企画書を書いて、社内の会議で了承を得てからメールする、みたいなことをしているわけではない。

24時間365日、頭の中の怪獣人間と会話をしているのだ。彼らと時代が交錯するのを待っている。

面白い怪獣人間を探すための情報収集は、SNSが中心だ。情報量は実社会の1万倍くらいだ。SNS上では毎日スターが生まれたり喧嘩が起きたりしている。見城さんとの関係はコミュニケーションアプリ・755から始まった。「SNSで本を書いてくださいなんて頼むな」と最初は思ったそうだけれど、いまでは当たり前だ。

いま、SNSを軽視していたら、きらめく怪獣人間には出会えないだろう。

現実世界で1日に会える人数と、SNSで出会える人数を比較したら圧倒的に後者が優れている。広く浅く面白い人を見つけるならSNSだ。

パーティーで挨拶して名刺交換するとしても、ちゃんと挨拶できるのは10〜15人ぐらい。SNSなら、100〜200人をザーッと見渡すことができてしまう。

さらにSNSのほうが実は人間の素が見え隠れする。仕草や雰囲気では隠しきれない自我や自意識が漏れ出す。

それを、動画やテキストから、なめ回すように観察することができるのだ。

ヤバい人には会いに行け

NO.

13

SNSでとにかく大きく網を張って、少しでも面白そうなら、次は実際に会いにいく。

出版界の敵、星野ロミ。彼は漫画村という違法サイトをつくり、漫画を無料で読めるようにしてしまった。そしてフィリピンで捕まり刑務所に入ることとなった。出版業界の損害は数十億と言われている。

彼が出所したというニュースを目にした瞬間、ツイッターで声をかけて飲みにいくことにした。

彼の発信からは独特な感性と世間とは交わらない異常性を感じたのだ。

すると翌日、その事実がネットニュースになり、出版業界からも苦言を呈された。たしかに、出版界の敵であり、裁判中の人間と飲みに行くなという意見はわかる。

でも僕にとっては、寿司職人が市場に魚を見にいくようなものなのだ。今日はいいネタ入ってるかなと覗きにいく。それが毎日のルーティンだ。実際にお店に並ぶかはわからない。ただ異物を見つけたらとにかく見にいく。話してみる。鮮度のいいうちに会う。

星野ロミは常識や倫理観が欠落している天才だった。仕事をすることになるかはまったくわからないけれど、そういう異物は時に化ける。そうなってから近づいても遅い。

初めからネタリストに入れて、定期観測していくことで、何かのタイミングで手を組むことになるのだ。

世界最速を目指せ

NO.

14

世の中の動きは速い。誰もが常に動き続けている。SNSをうまく使う。そうしないとタイミングを逃す。

企画書をちゃんと書いて、先方の秘書や広報からつながるやり方もある。だけど、SNSで直接話しかけることができるなら、「いまだ」と思ったら、直接声をかけてたほうがいい。

あるときガーシーが、ツイッターでなぜか面識のない僕をフォローしていた。何か暴露されるのかと思って震え上がった。

僕はツイッターでガーシーに突撃し、どうしてフォローしているのかを聞いてみた。

「何か僕の暴露情報でもあるのでしょうか？」

すると「興味があっただけ」で「暴露は何もない」と言ってくれたので一気に好きになった。自分さえ良ければいい。「じゃあ、本をつくらせてください」とその場でお願いした。

「そういう直撃が許されるのは、箕輪さんに影響力があるからでしょ」と言うかもしれないが、実はそこは関係ない。

サイバーエージェントの藤田さんがネットメディアのインタビューで「社長の引き継ぎ書をつくっているので、まとまったら本にしてもいいかもしれない」と語っていた。

僕はそのインタビューがネットに上がった瞬間に読み、1分後にはツイッターで「本やらせてください！」とリプを飛ばしていた。藤田さんからは「さすがですね。最速です」と返信がきた。

ヤフー（現・Zホールディングス）会長の川邊健太郎さんが、自分が起業したときの話をSNSで発信していたので、これもいち早く「本にしませんか」とリプをした。と同時にツイッターに上がっている長文の投稿を勝手にワード原稿にまとめていつでも出版できるようにしていた。偶然会ったときに「もう本を出せる準備が終わってますよ」と言ったら笑っていた。

箕輪さんだからできるとよく言われるが、僕よりもSNSに張り付いて獲物を狙い続けている人はほかになかなか見ない。

365日監視体制

NO.

15

そもそも僕が怪獣人間たちと出会うことになった最初のきっかけもSNSだった。

新人編集者時代。当たり前だが、僕のことなど誰も知らないしフォロワーも全然いなかった。怪獣人間に近づきたいが、何のツテもない。そんなとき、サイバーエージェントの藤田さんとホリエモンが755という新しいコミュニケーションアプリを立ち上げた。

AKB48などのアイドルファンのユーザーが多いアプリで、ビジネスパーソンはほとんどいなかった。そこに藤田さん、ホリエモン、そして見城さんが参加していたのだ。

僕は興奮した。こんな手付かずの、誰にも知られていない漁場があるのかと。大物が泳いでいるのに、釣り人は僕しかいない。

ここぞとばかりに、藤田さん、ホリエモン、見城さんにコメントを送った。

そして、藤田さんにはサッカー雑誌で三度もインタビューをさせていただき、ホリエモンと見城さんは本をつくらせてもらえることになった。ここから僕の怪獣人間との付き合いが始まったのだ。

「偉い人にいきなりリプ飛ばせないです」と言うかもしれない。

違う。偉い人だからこそ、直接いくしかないのだ。偉い人の順番待ちなんかしていたら一生出番は回ってこない。もちろん、闇雲に行っても失敗する。戦略を持ってアタックするのだ。

勇気と企みを持って銃を構える。獲物は何度も狙えない。ここぞというときに撃ち落とすしかないのだ。

「755からベストセラーが生まれた!」というストーリーは755を立ち上げた彼らにとって最高のプロモーションにもなる。だからこそ、真正面から出版オファーをするより、755で出版オファーをされたほうが確度が高いはずだ。そうやって戦略を考え抜く。

僕はサウナやフットサルで遊んでばかりいるように見えるだろうが、面白いと思っている人たちへのアンテナは誰よりも張り続けている。SNSをずっと見ていると思われるが実際にずっと見ている。

自分が興味がある人のYouTubeやツイートを驚くほど見ている。同棲している恋人より彼らに詳しい。そうやってアンテナを張りながら、世の中の流れを見つつ、ここぞと思えばすかさず切り出すようにしている。

最速で反応できることは大事だし、それが「タイミング」だ。

タイミングを逃す人は、おそらく、自分の「好き」とか好奇心よりも、仕事を仕事としてやっているのだろう。深夜だから、週末だから、土日だからと休んでいたらチャンスは来ない。

こう言うとブラック企業のように聞こえてしまうけれど、「仕事だから」とやっているのなら、休日は休むのが正しい。「好きだから」でやっているなら、そんなことは関係ない。やめたくてもやめられないはずだ。それが熱意の差になる。

怪獣人間は、いつ、どこから姿を現すかわからない。穏やかに生きたいのならば出会わないほうがいいだろう。もし出会う覚悟があるならば、オンとオフではなく、ずっとオン。スイッチを切らない。

僕は365日、SNSを監視し続けている。

断られてからが交渉スタート

NO.

16

出版に限らず、仕事の交渉事は持ちかけて、いきなり「はい、やりましょう」とうまくいくことは少ない。

相手が怪獣人間になればなるほど難しい。常に多くの依頼をされる立場だから、ものすごい行列ができている。

最初のアプローチは、いつか結実するためのスタートラインに過ぎない。

そこから次につながっていくようにすればいい。自分と相手の人生が、ちょっと近づいて、チャンスがあれば交わるかもしれない。そこを目指すのだ。

たとえスタートで転んでしまったとしても、それは長い物語が始まっただけだ。

断られることを恐れてアプローチを躊躇する人や決断を先延ばしにする人は根本的な考え方が間違っている。あらゆるものごとは、失敗がスタートなのだ。

わかりやすく言えば、「断られてから交渉が始まる」みたいなことだ。

「本を出しませんか」と声をかけて「なんで、おまえみたいな三流出版社で出さなきゃいけないんだ」と言われたとしても、それがスタート。物語の始まりとして、最高だ。

もし、そんな相手に熱意が伝わり、「おまえのところで出してもいいぞ」となったらすごく面白い。

交渉事に終わりはない。「本を書いてください」と持ちかけて、断られてもまだ最初のアクションに過ぎない。

断られただけで「終わった」としない。とりあえず「1回目は断られた」というだけ。

僕は簡単に出版オファーを受けてもらえると思われるが、「断られ中」の案件は30以上ある。

SNSに限らず自分から誰かに接触しようとしたとき、「自分がそんなことをしていい立場なのか」とか「自分がそんなことをしたら社内で何を言われるかわからない」と思う人もいる。

社会常識みたいなもので「近づくのはそれなりの立場になってから」とか「その前にやることがあるだろう」的な話はたしかにある。

それでもあえて一度、その考えをなくしたほうがいい。当たり前の行動からは、当たり前の結果しか得られない。

失敗してもいい、相手にされなくてもいい。とにかく当たってみる。

「本を書く気がない」と断られたら、なんで書く気がないかを考える。あくまでいまは書く気がないだけなのか。一生書かないのか。忙しいから書かないのか。表に出たくないから書かないのか。

その分析結果をもとに、あらためて戦略を練り直す。

断られたというのは、単なる途中経過で、ジャッジは死ぬまで決まらない。

「断られたらおしまいだ」と思えば、たしかに初対面は怖いし、ものすごく緊張してしまう。しかし、断られることはプロセスで、その人との関係性が始まったとポジティブにとらえられれば、何も怖くはない。

大勢の前で口説け

NO.

17

怪獣人間にSNSでアプローチするうえで、あなたがまだ何者でもないなら、ダイレクトメッセージで声をかけるのはダメだ。誰もが見ることのできるリプライや引用リツイートだから意味がある。多くの人が見ている中で声をかけることが重要なのだ。

怪獣人間は忙しい。できるだけ効率的に生産的に活動し、効果を最大化したいと思っている。「なんでおれが、こんなことのために動かなくてはいけないのか」と思わせてはいない。

それは当たり前で人生の濃密度が普通の人とは桁違いなのだ。北海道までお寿司だけを食べにプライベートジェットを飛ばし、深夜にはアメリカ支社と打ち合わせを始めていたりする。

そういう怪獣人間が1番嫌いなのは「時間を奪われることだ」。

僕のレベルでさえそうだ。

「フットサルやります。事前申し込み不要。現地集合」とツイートする。当日雨になった場合、DMで「今日やりますか?」と送られてくる。めちゃくちゃ煩《わずら》わしい。

その人だけに返事をしなければならない。だけど公開でリプを飛ばしてくれたら、「今日は雨で中止」と全体に向けて書き込むことができる。大勢の人がそれを見てくれる。1回だけで済む。何件もくるDMに個別に応える煩わしさを想像してほしい。

僕がゲスト参加するイベントでも「まだ、チケットありますか」とDMしてくる。こっちは事務局じゃない。いちいち返信したくない。

でも、それを公開で聞いてくれたら、それを見ている主催者が返答してくれて、ほかの人にも周知される。宣伝にもなる。

自分は1通のDMを送るだけのつもりかもしれないが、相手はそのDMが100通来ている。そういったことも想像できないといけない。

1対1のコミュニケーションではなく、1対複数のコミュニケーションにすることで効果を最大化する。

たしかに公開のSNSの場で怪獣人間にリプライするのは怖いと感じる人もい

るだろう。晒し者になるんじゃないか。恥をかくのではないか。キレられたらどうしよう。みんなの前で怒られたらつらいな、と思うのだろう。

ホリエモンなんか「死ね、ザコ」と返してくる気もする。

しかしながら「DMなら誰も見ていないからいい」と思うのは、身勝手な発想だ。社内での連絡も、複数人に一斉メールしたり、グループラインに送っているのに、個別で返事をしてくる人が必ずいる。こちらの意図を考えてほしい。そのやり取りをみんなで共有するためにグループに投げているのだ。

個別に返す心理は、見当違いな返事をほかの人に見られたくない、ミスったときに晒されたくない、面倒臭そうな上司に何か言われそうで面倒……。そういう心理だろう。めちゃくちゃわかる。僕もダメな新入社員時代は同じだった。

でも、それでは何も成長しないし、関係性はつくれない。

さっきも書いたが、すべての関係性は失敗から始まると考えればいいのだ。人間関係においてノーミスでコトを進めることなどできない。

講演会でも質疑応答の時間に手を上げないくせに、終わってから個別に聞いてくる人がいる。ほかの人にとっても学びになる答えを共有するための質疑応答の時間だ。恥ずかしいから、傷つきたくないから、自分都合で相手の時間を独占しようとする人と怪獣人間は付き合わない。

大勢の前で晒し者になる覚悟で質問をする、仕事を頼む。それで断られてもいい。

少なくとも印象には残るし、想像し尽くされた依頼であったら、いずれ実を結ぶ可能性も低くはない。

自分の安全だけを考えた自分勝手なコミュニケーションは、結果に結びつきにくい。

口説くなら、大勢の前だ。

怪獣人間攻略チェックシート

3

□ 怪獣人間の近くにいられること自体が価値

□ 世間や時代の評価に惑わされず自分の嗅覚で怪獣人間を見極めろ

□ SNSこそ膨大な人間の中から怪獣人間を見つけるフィールドだ

□ 常に観察し、今すぐ動け

□ 断られることにビビってはいけない

CHAPTER

4

[接触編]

怪獣人間は初対面が9割

人間関係から第三者を排除せよ

NO.

18

そろそろ怪獣人間に興味を持ってきたかもしれない。

では、いかにして実際に接触するか。

その方法を間違えると、ケガをするし、そもそも出会うことすら難しい。

まず、怪獣人間には直接アプローチするべきだ。

ここで遠慮して、たとえば秘書経由でつながろうとしたり、親しい人経由で紹介してもらって「なんとかお願いできませんか」などと仕事を進めてしまうと、残念ながら、こちらの求めているような仕事にはならないことが多い。

怪獣人間のモチベーションがまるで変わるからだ。

おそらく一般的には、相手が大物であればあるほど広報や知人を経由して紹介をしてもらうことを考えるだろうが、それではダメだ。

怪獣人間相手に第三者経由で仕事しようとすると、たいがいが失敗する。怖さも感じないいし灼熱を浴びない距離で仕事をしては危険もないが成功もない。

怪獣人間にとって大切と思えない人とやる仕事は、やる気そのものが乏しい。彼らは忙しいのだ。懐《ふところ》に入り込まないと、いい仕事にならない。

僕があまり芸能人の本をつくらないのは、芸能事務所はマネージャーさんがあいだに入ることが基本だからだ。それだとなかなか温度が伝わる関係をつくりにくい。

直接口説いて、間に誰も挟まない。これが基本で鉄則だ。

ホリエモンはいっぱい本を出しているので、たくさんの編集者と付き合っている。だが、彼がすぐ名前の浮かぶ編集者は少ないはずだ。その1人か2人の中に入らないと、面白い案件はやって来ない。

怪獣人間が何かやりたいと思ったとき、1番面白い案件を相談される。そのために直接やり取りする関係になるのが鉄則だ。それだけ近いとケンカになるかもしれないし、怒られるかもしれない。それでも、困ったときに、真っ先に思い出してくれる存在を目指すことが第一だ。

他社の編集者からしたら嫌だろうけれど、僕は一度関わった著者は、ほかの出版社から本を出す場合にもよく相談をされる。そういう存在になるためには、ビビらずに入っていって、1対1で直接付き合う。間に人を挟むことは厳禁なのだ。

NO.
19

出会う前の準備ですべてが決まる

さあ、実際に怪獣人間に接触してみよう。

やり方を間違えると頭から喰われて二度と立ち直れなくなるからよく読んでほしい。

怪獣人間に会うために手紙を書いたりメールをしたりする。その内容に正解はない。結局、相手がどういう人間が好きなのかを把握することだ。

見城さんは著書の『編集者という病い』やインタビューで、手紙について書いたり語ったりしている。

角川書店時代に作家・五木寛之に25通の手紙を送り続けて口説き落とした話は有名だ。「手紙で自分の話を書くやつは終わっている、相手のことをどれだけ書けるかがすべてだ」と言っている。

僕も、その見城さんに手紙を書くのだから、その手紙についての考え方を頭に入れて書いた。「見城さんの言葉でこういうところが刺激的です」とか「見城さんの本のこういうところが好きです」と。見城さんの人間性とか作品とか、やってきたこと、考え方についてとにかく書いた。

最低限、相手のことをちゃんと理解しようと努力している姿勢が伝わることが重要だ。相手がいろいろな情報発信や表現活動をしているのは、自分なりの考え方を伝えたいからだろう。

それなのに、見城さんへの手紙で、自分のことばかり書いていたら、「ホントにオレのことを好きなのか?」「オレの本読んでるのか?」と思うだろう。

でも、「手紙には自分のことを書いてほしい」という人もいるかもしれない。大切なのは相手がどのようなコミュニケーションを求めている人なのか調べ、考え尽くすことだ。

見城さんと初めて会って出版のお願いをするときに、どう「断られる」かを想定して、いくつか対抗策を持って行った。

僕はそれまで本を1冊もつくったことがなく、誰にも知られていない編集者だった。デビュー戦が決勝戦。出版界の大怪獣。準備は徹底した。

755、本、インタビュー、動画。世の中に出ている全発信を見て、どんな話題になっても返せるように準備した。「それはこの本に書いてありましたよね」と。どの角度からボールが飛んできてもいいように。準備不足で立ち往生しないように。

事前に頭の中で、何十回と会話をシミュレーションして臨んだ。

いきなり怒られるようなことはないはずだけれど、万が一ということもあるのでそれも想定したし、「忙しいからダメ」は必ず言われそうだから、それにも答えを用意していった。

僕は本を出すことが目的だから、いつまでに、という期限は切らず「5年後」と言われたら「そのあいだ、ずっと近くに居られたら勉強になります。5年間取材させてください」と答えるつもりだった。

それだけの準備と心構えがあっても無理なら「いまはその資格がないことを受け止めて編集者として実績を積んで出直すだけ」そういう気持ちだった。

怪獣人間との交渉時。事前に、どんな流れになるかシミュレーションするが、これは力関係でも変わってくる。こちらが有名だったり、実績があったりして、対等の関係で話せるのであれば、むしろノープランで臨んで、そのときの状況によって柔軟に変えたほうがいい。ガチガチにプランをつくると、小物に見えてしまうし、退屈な存在になってしまう。

しかし新人のときは、どういう流れでどの話題を切り出すか何回もシミュレーションしておきたい。

僕も、怪獣人間に初めて会った頃は、緊張した。どうせ緊張はするのだ。だったら、緊張しても言いたいことを言えるように、入念な準備をしておけばいい。

大学受験のとき、塾の先生に言われて覚えている言葉がある。

「絶対に受験本番は緊張する。だから頭が真っ白になる前提でイメージしておこう」

だから僕もいざ見城さんを前にしたら頭が真っ白になるという前提で準備した。真っ白になったあとに、これとこれは絶対に言う、30秒しかもらえなかったらこれを言おう、30分話せたらここまで言おう、といった具合に。

話す内容を決めるために、本、インタビューなど、あらゆる材料を集めて、相手のことを詳しく知る。そのうえで、相手のメリットになるような提案を考えて「面白いやつだ」とか「一緒に仕事をしようか」と思ってもらえるようにアプローチする。よくお願いごとをするときに自分のメリットばかり考える人がいるが、問題外だ。相手の人生にとってどれだけプラスになるか、それを考え、話す。

結局、準備と想定が甘いから怪獣人間にダメージを喰らってしまう。「怖かった」と脅えただけで終わってしまい、何ひとつ手に入らない。単純に努力不足なのだ。

多くの人は明らかに自分の努力不足なのに、相手とうまくいかなくて「やっぱ、あの人怖い」「厳しい」と萎縮してしまう。そして「もう近づくのはやめよう」となってしまっている。

厳しい戦いになると想定をしたうえで、準備に手を抜かない。そこまでやりきって初めて堂々と臨むことができる。

初対面で何を話すか？

NO.

20

初対面のときは、話の内容や態度などを通して、人間的に信用してもらうことが1番の成果となる。そこから仕事につながっていく。

そのためには、「相手にとっていい時間」にすることが大切だ。仕事の話は置いておいてとにかく楽しく過ごすのを望んでいるのか、雑談なんてどうでもいいから単刀直入に仕事の話、もっといえばお金の話をしたい人もいる。相手のことを想像し判断するのだ。

見城さんに初めて手紙を出したら、秘書の方から「会います」と連絡があったので、幻冬舎へ行った。

すごいオーラだった。会議室の空気が変わる。圧も感じる。

最初に「755の発言をまとめた本をつくりたいです」と、単刀直入にお願いした。すると「あんなの本にはならないよ」と言われた。

その前にも755で直接「本にしたい」とお願いし、「あんなの本にならないよ」と返信されていたので、そうくることはわかっていた。

だから755での発言をただまとめるのではなく、発言を「見出し」にして、その言葉の真意を解説する体《てい》で、仕事と人生について書いてほしいと説明すると「それ面白いね」となった。

「前作の『編集者という病い』はめちゃくちゃ面白いです。僕の人生のバイブルです。見城さんのコラムやインタビューを断片的にまとめたカオスな構成になっていて、結果的にそれが見城さんの波瀾万丈な生きざまを表している。でも今回は、見城さんのことを知らない若い人にも読んでもらえるように、網羅《もうら》的な構成にして、通しで読んだら見城徹の生き方、考え方すべてがわかるような内容にしたい」と提案した。

「優秀だってわかったから、もう全部まかせるよ」と了承してくれた。このときは、熱意もそうだが、圧倒的な準備によるものだった。

最初の出会いは最も印象に残る場面なのだ。本の承諾を得たあとも1時間弱話をさせてもらえた。見城さんの本やいままでの仕事について自分なりの感想を話し、見城さんの発言の裏側にあるであろう本意まで僕なりに考えて言葉にした。

帰り際、見城さんから「君は変態だ。熱狂がほとばしり過ぎだよ」と言われた。

こちらが何者でもないときは、相手のことを想像し尽くして、あらゆる準備をして、接触しなければいけない。

初対面が「相手にとっていい時間」になるように相手のことを考え小手先ではない分厚さで、相手にとって意味のある提案をする。

コミュニケーションの基本は相手第一主義なのだ。

相手によって初対面の入り方を変えろ

NO.

21

では、ホリエモン相手に手紙を書き、熱意を伝えたらどうなるか。

「うぜえな」で終わりである。

ホリエモンがどういう人かを想像しなければいけない。

「とにかくムダな時間を取られたり、合理的じゃないことを嫌う人だ」と僕は理解した。「絶対自分の手で本を書かない。編集者に丸投げする」という言葉も発信していた。こういう人の本を出すにはどうするか？

当時のホリエモンは出所したばかりで『ゼロ』という本がヒットし、各出版社からオファーが殺到していた。その行列をいかにしたら捲《まく》れるか。

ホリエモンの講演会に行ったときに名刺交換をするチャンスがあった。そこに集まった人たちは、名刺を出してわずか5秒ぐらいであしらわれてしまっていた。相手の目も見ず名刺を投げるように置くホリエモン。会話どころではない。僕はその惨状を見て「編集者をやってるんですけど、2冊の本を堀江さんの稼働が0でつくれます」とだけ伝えた。

すると「何、それ」と聞かれた。興味を示してくれたので、僕はまだ少し話すことができた。

「1冊は日めくりカレンダー。堀江さんのツイートから名言を365個、僕が選んで日めくりカレンダーにします」。

「いいじゃん、やろう」と即答してくれた。

「もうひとつは仕事術の本なんですけど、7人のイノベーターに僕がインタビューして僕が書きますから、堀江さんは移動中とかに読んで、ひと言考察だけ付け加えてください」

「それもいいじゃん、やろう」

「ありがとうございます」と、わずか5分で2つ仕事になった。

本は売れた。直後、ホリエモンがマネジャー経由で「あの若いやつ、面白いからなんか一緒にやろう」と連絡をしてくれた。

こうして、最初の本を出す目的を果たしただけではなく、そのあともずっと続く関係を得た。最初につくった『あえて、レールから外れる。逆転の仕事論』(堀江貴文著)は、いろいろなジャンルのイノベーターに僕がインタビューをし、ホリエモンがそれにコメントをつけるかたちの本だ。

佐渡島庸平、小田吉男、小橋賢児、武田双雲、HIKAKIN、田村淳、増田セバスチャン、岡田斗司夫に話を聞いたのだが、この人選も戦略的だった。編集者となったばかりの頃、僕には人脈も何もなかった。ホリエモンの名前で各ジャンルトップの人との人脈を広げる戦略だった。

この時の出会いをきっかけに、いまに至る人間関係が始まった。

本が出たら終わりの関係だったら意味がない。プロモーション、本の売り方、マネタイズについても著者と一緒に進めていく。新しい方法を模索する。僕はなんとか細い糸を手繰《たぐ》り寄せ、その糸をできるだけ太くしようとしていった。

僕がプロモーションを仕掛け、多くのメディアのつながりをつくり、そのあともオンラインサロンや物販など本以外のことも手伝う。相手が望むものを学び、提供し続けた。そうやって最初は0だった関係が網の目のように広がり、僕の人生は大きく変わることになっていった。

怪獣人間との出会いは初対面が9割であり、その狭き門を突破した者だけが修羅の道へと進むことができるのだ。

怪獣人間攻略チェックシート

4

- □ 初対面が9割だと思って徹底的に準備せよ
- □ 怪獣人間の残してきた発信すべてに目を通し分析せよ
- □ 初対面の現場のあらゆる状況をシミュレーションしておけ
- □ 自分の都合ではなく相手の気持ちを第一に
- □ 初対面に正解はない。相手によってすべて変える

CHAPTER

5

［捕獲編］

怪獣人間と渡り合うための掟

信用泥棒は去れ

NO.

22

怪獣人間との接触に成功し、どうにか修羅の道に足を踏み入れることができたとしよう。

怪獣人間は怖い。だからみんなネクタイを締めて、ミスなく仕事をしようとする。しかし、怪獣人間はそんな表面上の、小手先の形式には興味がない。もっと人間関係の本質と向かい合うしかないのだ。

仕事の進め方は怪獣人間に合わせてカスタマイズしていく。初対面の入り方と同じで、定型化しない。機械的作業にしない。

常識的な仕事の枠組みにこだわらず、相手に合わせていくことだ。王道はない。

その中で、外してはいけないことはある。ひとつが仁義を通すことだ。

「仁義なんてもう古い」と軽視する人は多い。だが、怪獣人間にそれは通用しない。なぜなら彼らはお金よりも「信用」という通貨で生きているからだ。

たとえば、僕と仲良しの起業家Aさんがいたとする。あなたが何かの縁でAさんに出会い「箕輪さんの知り合いなんだ。じゃあ、なんか一緒にやろう」と仕事をすることになったとする。

いちいち「いま仕事でAさんとやり取りしています」と報告する義務はないのだろうし、僕もそんなことをしろとは言わない。

それでも僕の耳には入ってくる。Aさんから「そう言えば箕輪くんの知り合いの○○さんと仕事してるよ」と聞かされたら、言ってくれればよかったのにな、となってしまう。

他人の仕事相手に勝手に連絡をするな、ということではない。しかしながら、こういう仕事のやり方をしていると少しずつ人間関係は狭くなっていく。なぜか。

それは「信用」という通貨を借りていることに気づけていないからだ。

お金よりも信用のほうが稼ぐのが難しい。

「箕輪くんの知り合いなら仕事をお願いするよ」というのは、僕が稼いできた「信用」という通貨を借りて仕事を得ている状況だ。

それなのに、何も言わないのは、簡単にいうと「信用泥棒」になってしまう。

こちらの信用貯金を勝手に引き出しているのだ。

別に何かを返せということではなく、「ありがとうございます」と伝え、借りていることを認識しておくことが大事なのだ。

そうすれば、何かあったら助けてあげようと思うし、むしろほかの案件も紹介してあげようと思う。つまり自然に仕事が増えていく。

僕は、あまり気にしないタイプだが、50歳より上、それも60代以上の大御所の方はこの考えをものすごく大切にしている。おそらくSNSなどがなく、いまと比べられないほど「出会い」の価値が高かったのだろう。政治家やヤクザの世界も誰からの紹介、誰からの案件ということを重視する。

子ども同士で仕事をするなら気にする必要はないが、怪獣人間の世界では、仁義を通すか通さないかで人間関係に大きな差が生まれてしまう。

外から見ているとよくわかるけれど、当人はまったく気づいていないことが多い。「人間関係が大事だ」と言っている人でさえ、義理を欠くことを平気でしていたりする。僕もこんなこと書きながらも、無意識に信用泥棒をしてしまっていることがある。だからこそ常に意識しなければいけないのだ。

怪獣人間は繊細だ。誰よりも細かいところを気にする。何ごとにも執着を持って生きているから、記憶力も異常だ。

ＬＩＮＥのやり取りひとつでも、よく覚えている。あれだけ忙しい人たちだが、「返信がないまま終わっている」とか「お礼がない」といった細かな点をずっと覚えている。

それを直接言う人もいるし、覚えているのに口にしない人もいる。前者なら「ごめんなさい」と謝るチャンスもあるが、後者にはそれすらない。あなたのことを「お礼をしないヤツ」として一生記憶し、距離を置き、怪獣人間界から締め出す。

面倒くさいだろう。古いと思うかもしれない。

でも、すごいチャラチャラしているように見えるユーチューバーでさえ、長く残っている人はそういうところはマメだ。

怪獣らしい大胆で豪快な部分ばかり目につくから、誤解されている点も多い。基本的には怪獣人間は、繊細で小さいことを気になるような人たちだ。それは、大きなプロジェクトも、些細な綻びから崩れていくことをよく知っているからだ。

ものすごく多くの人と関わっているのに、「そんなことまで気にするのか」「そんな話を気にしていたのか」と驚くことが多い。

たとえばバイトの子からＬＩＮＥの返信がないと気にしていたりする怪獣人間もいる。バイトの子にしたら、あんなすごい人に自分なんかがＬＩＮＥしてはいけないと思っていることも多い。でも、めちゃくちゃ気にしているのが、多くの人が知らない真実だ。

仕事のスケールが大きくなっても細かさは持続している。むしろ細かくなり続けている。

繊細さと大胆さはコインの表と裏だ。とてつもなく細部に執着しているからこそ、スケールの大きなことを発想できる。

相手の細かさには、細かさで対応しなければならない。義理人情の世界だ。ヤクザ映画みたいな世界だと思ってもいい。繊細にできない人は生きていけない。仁義がない者は死ぬ。信用泥棒は生きていけない世界なのだ。

義理人情恩返しの世界

NO.

23

この話をもっと踏み込んでするると、見城さんが言う「GNO」という言葉になる。

「GNO」とは「義理、人情、恩返し」。これが人間関係の根幹だということだ。

義理、人情、恩返しで仕事ができるようになると強い。世の中の大きなことは、実は損得だけでは動いていないからだ。

「あの人には義理があるから、あの人には世話になりっぱなしだから、恩返ししなきゃ」という感情で大きな仕事は決まっていく。

それを幼稚なビジネスパーソンは癒着《ゆちゃく》だとか忖度《そんたく》だとか言うが、仕事や政治も人間がやることなのだから、すべてが合理的に、利害で動くわけはない。

信用、貸し借りで人間関係は成り立っている。人間関係の上に仕事がある。

お金の貸し借りは数字で残るけれど、人間関係の貸し借りは目に見えない。この見えない貸し借りこそが大切なのだ。

「返報性の法則」はよく知られている人間の心理だ。

もらった分に少し色をつけて返さないと気持ちが悪い。お中元やお歳暮の風習が続いているのもその心理だ。よっぽど変な人ではない限り、何かしてもらったら少しだけ色をつけて返したい。それが人間の心理としてある。

怪獣人間は『闇金ウシジマくん』のように貸しをつくる。与え続けていく。何も言わないけれどもらった側は「返さなきゃ」と思っている。どんどん利子は膨らんでいく。貸し手は無限に強くなり続ける。怪獣人間はまだ何者でもない若者に力を貸す。いずれ何倍にもなって返ってくることを感覚的に知っているのだ。

逆に怪獣人間は借りない。借りたら最後、いずれ何十倍にもして返さないといけないと覚悟を持って生きているのだ。

僕の開業した「ラーメン箕輪家」にWBC中のダルビッシュさんが来てくれた。ダルビッシュさんは貸しを意識するようなタイプではまったくないが、とんでもないものを借りてしまったと僕の心にはずっとある。

見城さんは二度も来てくれて755に「箕輪家は美味い」と書いてくれた。これがどれだけの影響力があるか。その投稿を見た秋元康さんが開店祝いのお花を出してくれた。これがどれだけお店の信用になるか。

死ぬまでに返せるだろうか。おそらくそうして積み上がった借りは、返せない。

親孝行と同じで、きっとみんな返しきれないまま終わる。

こちらもいつしか後輩ができる。先輩にやってもらったように、こちらも後輩たちにはできるだけギブする。その連鎖だ。その連鎖に気づかない人間は生きていけない。

「あいつマジで恩知らずだから、もう付き合わないほうがいいよ」といった言葉は、怪獣人間の会話で結構耳に入ってくる。人間関係は、付き合わないと言われたらそこでおしまいだ。

礼儀作法2・0

NO.

24

世代が変わっても人間関係の本質は変わらないが、礼儀作法や連絡ツールに関しては変わっていく。

僕より上の世代は名刺を持たないと失礼だ、無礼だと思う人がほとんどだ。でも、同世代でそう考えている人は僕の周りにはほとんどいない。

「LINE交換しましょう」で通じるなら、名刺はいらない。そのあとの連絡もLINEで済む。いちいちメールをする必要はない。

僕ら世代は名刺を交換したり、メールでお願いしますということは、かえって面倒な人だと思われてしまうこともある。

だからこれも相手によって変えるということに尽きる。

僕は普段は名刺を持ち歩かないので、偉い人ばかりの結婚式やパーティーの際に慌てることが多い。慌てることが多過ぎて、僕の後輩やカバン持ちが常に名刺を持っている。彼らは僕のツイッターで僕の行動をチェックしていて、名刺がないとLINEすると待ち構えていたかのように名刺を届けに来てくれる。

会食のお礼も、きちんとメールで返すべき相手と、かえってそれを面倒がる人たちとでは対応を変える。直後にLINEするのがいいのか、あるいは翌朝にメールするのがいいのか、しっかりと手紙を書いたほうがいいのか。「これが常識」と判断するのではなく、相手のことを考えて変える。

僕は新人のとき、会食のお礼をよく手紙にしていた。いまの時代では珍しいのと、僕の外向きのキャラクターとギャップがあり過ぎて、とても効果的だったと思う。サイバーエージェントの藤田さんに初めて取材したときは、終わった瞬間、サイバーエージェントの下のカフェで手紙を書き、すぐ近くのポストにお礼を投函した。取材後わずか30分で手紙を投函したのだ。

翌日、秘書の人から「藤田がうれしそうに読んでました」とメールが来た。

一方で、それがひとりよがりの自己満プレイになってはいけない。

常識的なお礼も、人によっては迷惑に当たる可能性もある。こちらが連絡をすれば、返さなければならないわけだから、相手のアクションを増やすことにもなる。

いまの時代、SNSで発言している人たちに対しては、個人メッセージやメールよりも、SNS上で伝達したほうがいいこともある。

僕はそうだ。個人でメッセージが来ると少し重い。エレベーターで2人きりになって気まずいあの感じ。でもSNS上で「昨日ごちそうさまでした！」とか言われるのはラクだ。飲み会でラフに話してる距離感に近い。

だから僕も本の感想などは本人に直接ではなく、ツイッターで言うようにしている。ツイッターで「あの本、面白かったです」とか「番組のこの発言、最高でした」と返したほうが喜ばれる。そのほうが宣伝にもなるし、返す側の負担も少ないからだ。

完璧に使い分けられるとは思わないものの、相手にとってストレスのない方法を選んだほうがいい。

連絡が来るのがストレスな人もいれば、全然連絡をよこさないことがストレスな人もいる。

こちらがすごく考えているのも、相手にはストレスになることがある。気を遣わないのも、また気遣いだ。

イレギュラーな方法として、お酒を飲んで、ノリで連絡するのも意外によかったりもする。

酔っているときに、ちょっと無礼に踏み込んでみる。めちゃくちゃな大物に「いまから来てください」と連絡したりする。「この人と飲んでます」と写真を送ったりする。

酔っているとわかるから相手は無視することもできるし、本当に好きなんだということも伝わる。

信頼関係ができているという前提で、たまに一線を少し越える瞬間を持つと、深い関係になっていく。

ただし、雑に絡むのはセンスも必要なので、失敗する可能性もある。「おまえレベルが連絡するなよ」と思われないように距離感には敏感でいたい。

まじめ過ぎると仇になる

NO.

25

つまり、コミュニケーションにおいて鉄板や王道は存在しないということだ。もし存在するのならば、相手を想像し、相手に合わせて柔軟に変えるということでしかない。

初対面が会食の席で、真っ先に仕事の話をしたい人もいれば、仕事の話は後にしてとにかく楽しみたい人もいる。

常に交渉カードを持ちながら状況を伺う。「絶対に今日話を決めたい」と思うのは勝手だが、相手がそれを望んでいない空気なら無理をしてもうまくいかない。

どんな仕事も相手ありきだから、複数の選択肢を準備したうえで、どこで話をつけるか自分の中で想定し、余白を持って対応するのが理想だ。

大きな案件、大きな額のお金の決済を決めてもらいたい場でも、そんな話は一切せずに楽しんで酔っ払って帰ったほうがいい場合もある。

相手が「今日、スポンサーの話をされちゃうかな」と身構えているときに、あえて何も話さずにただ飲みまくって帰る。そうすると相手のほうが心配になって「お金の話しましょうか？」と言ってくれたりする。

このあたりは経験の蓄積と感覚によるものが多いが、その根本にあるのは、あくまですべての仕事は人間関係の上に成り立っているということだ。

仕事の進め方がうまくいかない人を見ていると、事務的に、便宜的に、まじめ過ぎる場合が多い。しかもそれは自分の会社や自分の都合に対してのまじめさで、相手に対してではない。人間関係は川の流れのようなものなので逆らっても溺れるだけ。目的地を見据えながらも、ある程度は流されていく余裕が必要だ。

「ああ、なんだか、いまじゃないな」と感じたら、その場は楽しくやり過ごすことに切り替える。原稿をお願いするのでも、機嫌がよくないときや、そういう話にならないときに、無理にお願いするよりは、あらためてまた会えるように仲を良くするほうがいい。

いま、相手が機嫌悪いのに、「ここでそれ言う?」みたいな人は驚くほど多い。

明らかに相手は仕事モードじゃないのに、とにかく本を書いてもらおうと意気込んでしまう。「いまじゃない」と感じたら、ただ楽しくご飯食べて「またお会いしたい」でいい。

編集者、プロデューサー、営業担当、どんな職種でも成績のいい人は、そこを見極めるのがうまい。

結果を出すために、絶対に結果を焦らない。狩猟でも同じことで、仕留めるのに焦り過ぎて獲物に気づかれたらチャンスは二度とこない。いかに辛抱強く、その一瞬を待ち続けられるか。

どこで大事なカードを切るか。その呼吸だ。

お金より大切な「感情のヒダ」

NO.
26

怪獣人間といい仕事をするためには、会話の粒度、思考の深度が合わないといけない。

怪獣人間が「こいつ、わかってないな」と判断したら、真剣に話してくれなくなる。そうなったら大きな仕事をする関係になるのは難しい。

最新情報、教養、人生経験、想像力、いずれも求められる。だからこそ自分自身を成長させ続けないといけない。

一方で専門知識に詳しい必要はない。寿司屋の大将と大企業の社長でも、お互いに相手の握りの技術や経営の詳しいことは知らない。

だけど、お互いに会話の粒度の細かさや思考の深さを合わせられる。専門知識はなくても話は弾み、お互いに理解し合える可能性はある。いわゆる波長の合う関係になれる。

自分の仕事に対して自分にしかできない工夫をしたり、誰にもできない極め方をしようと努力していれば、相手も興味を持ってくれる。それは趣味や遊びでも同じだ。とてつもなくサウナに詳しくサウナにこだわっている人は一流の起業家とも話が弾む。

逆に宝くじでお金だけ持って、怪獣人間と同じ高級マンションに住み、同じプライベートジェットを買ったとしてもまったく深い関係にはならない。

「あ、そうなんですね」で終了だ。

「そんなこと言ったって、怪獣人間なんて、あまりにもかけ離れていて会話が合うわけがない」と言うかもしれない。でもそれは違う。

たとえばお坊さんは、経営の経験がなくても、お金がなくても、立派に経営者の相談相手になれる人たちがいる。人生に対する想像力、人間に対する洞察力があるからだ。

特に、編集者には必要な資質だ。編集者は、ほとんどサラリーマンで年収も平均的なところにいるけれど、作家やアーティスト、経営者の人生相談の相手になれるぐらいの存在でないと務まらない。

相手の抱えているものをちゃんと理解し、その人以上にその人のことを理解している、それを的確に言語化する。

本を読んで、映画を見て、成功者にも犯罪者にも会って、自分自身いろんな人生経験をし、喜び傷ついて、人間に対する理解を深めること。

編集者やお坊さん、占い師みたいな職業が怪獣人間に好かれるのは感情を感知するヒダをたくさん持っているからだろう。

僕はよくダスキンの毛糸がたくさんついたモップを思い浮かべるのだが、どんなに小さなホコリでも絡め取る感情のヒダを持っていなければいけない。

「怒り」という感情は1種類ではない。100種類くらいの怒りを嗅ぎ分けて寄り添えないといけない。「喜び」や「悲しみ」も同じだ。

そのためには自分自身がたくさんの感情を経験すること。そして、その感情を見つめて、言葉にすることが大切になってくる。

「自分のことを理解している」と思ったとき、どんな獰猛な怪獣人間でも、牙をしまい、お腹を見せてくれるはずだ。

丸裸でぶつかれ

NO.

27

怪獣人間と仕事を超えて付き合うには、丸裸になることだ。

怪獣人間は、人間として振り切ってしまっている。そういう人に、小細工をしても通用しない。

いま、針がどちらに振れているかわからないから、計算してもしょうがない。最低限の礼儀を守りつつ、こちらは常に丸裸の自分でいることで初めて対応できる。

怪獣人間だからとビビってはダメだ。いつも酒ばかり飲んでいるくせに、相手がすごいときだけ飲まずにいたら「面白くないヤツ」となるだろう。

特に兄貴分的な怪獣人間は、丸裸で突っ込んでくるヤツが好きだ。同時にごまかしが利かない。ごまかしたら終わりだ。

怪獣人間は、日々いろいろな人がだまそうとして接近してくる立場でもある。うまいこと取り入ろうとしてくる人は、すぐに見破られる。もはや感覚で察知する。「こいつ、何か企んでいるな」と思われてしまう。その何か、がわからなくても、なんとなく避けようと思う。そのまま警戒心は解かない。信頼関係など生まれるはずがない。

こちらは完全に丸裸でいるべきだ。少しでも嘘があったら、撥《は》ね付けられる。もちろん、これまでに書いてきたように状況や相手によって柔軟に行動を変えるのは大切だ。でも、それは正直さ、率直さの上にあるべきなのだ。

正直さ、率直さの上にある企みはかわいい。それがない企みは卑《いや》しい。「何かこいつ、陰でコソコソしているな」と思われたら、遠ざけられてしまう。脳内の「ヤバい人」の棚に入れられておしまいだ。二度と呼ばれない。

怪獣人間の嗅覚をあなどってはいけない。初対面で、一瞬で見抜く。正直じゃない人は、そこで終わる。

魂胆を隠している人は緊張し恐縮し、いかにも怪しい。「なんだこいつ」と見抜かれて、怪獣人間は遠ざかって行く。そうなるぐらいなら、丸裸でぶつかって、ずっこけたほうがいい。

菓子折りを持って謝りに行くな

NO.

28

怪獣人間と付き合うということはトラブルが日常茶飯事になるということでもある。

トラブル耐性、というより根本からトラブルに対して考え方を変えないと生きていけない。

怪獣人間が暴走したら怖いと思うかもしれない。もしトラブルになったら、相手を正面で捉えることが大切だ。横を向いたら殴られて、背を向けたら切られるだろう。

しっかりガードを上げ、相手のパンチを見たほうがいい。

その中で大事なことがある。「早めに揉める」だ。これは裏社会の取材などを数多くしている草下シンヤさんが言っていた言葉だ。

ちょっとした違和感があるなら、できるだけ早めに向き合って、小さなうちに衝突させる。嫌なことや都合の悪いことを見て見ぬふりしているうちに、その問題は解決不可能なほど大きくなってしまう。

しかし、どんなに気をつけたところでトラブルがまったく起こらないということとは、ない。

人間と人間が交われば、すれ違いや誤解が生まれるのは普通だ。

トラブルになると、菓子折りを持って謝罪するみたいな儀礼を選択する人たちもいる。怪獣人間に対しては絶対にやってはいけない。そんなことをやったら食い殺されて終わる。

本当の人間関係の世界で、スーツを着て菓子折りを持って謝るのは、不誠実な態度でしかない。

その人の怒りに本気で向き合おうとしていない。「カタチとしての謝罪」に安易に逃げ込んでいる。丸裸で怪獣と向き合っているはずだったのに、都合の悪いときだけ人間界のマナーを借りる。最悪だ。

自分にも意図があったはずなのに、スーツと菓子折りでごまかしてしまう。

トラブルでは、自分はどういうつもりだったのか、あっちはどういうつもりなのかをはっきりさせる。それで修復できるのか、それともスタンスが違うから平行線のまま交わることがないのかを見極める。話を都合よく収めるみたいなことは、やってはいけない。

形式的な謝罪で収めてしまうのが、一番良くない。

「もういいよ」と形式的に許してもらえることもあるけれど、それは本当にいいわけではない。「もう怪獣の世界から降りるんだね、さようなら」と思われているだけだ。

怪獣人間と付き合うためには、こちらが怪獣である必要はないが、牙はあると思われないといけない。牙とは、自分なりの覚悟であり、自分なりのスジだ。

牙を持っていないと思われた瞬間、食われて終わる。

本に何かミスがあったり、著者が炎上しているとき、僕は表に出てきちんと立ち向かう。

ガーシーの『死なばもろとも』を出したとき、各所で賛否両論が沸き起こった。当然、すべて覚悟の上だったのだが、ロンブーの田村淳さんがYouTubeの生配信で突然「あの本に書いていることは間違いも多く、それは編集者さんが勝手にやったことらしい」と言い始めたのだ。

コメント欄には「最低の出版社！」「箕輪っていうやつだろ！」など怒りの言葉で埋め尽くされていた。

僕としては、間違いがあるなら謝罪するから具体的に指摘してほしかった。

そこで僕も「担当編集者の箕輪です、直接話をさせてください」と何度も何度もコメントを書き込んだ。

淳さんも気づいたはずだったが、スルーされ続けた。そこでスパチャという投げ銭をして、コメントが目立って無視できなくなるようにした。

すると淳さんも「吉本に絶対話すなと言われたんだけどな」と苦笑しながら僕のコメントを読み、その生配信で直接話すことになった。

僕は僕なりのスジを話した。それで納得してくれたか解決したかはわからないが、とにかく僕の考え方は理解してくれて、そのあとのカラオケコーナーにまで出演し、最後は笑顔で話すことができた。ちなみにカラオケ対決では勝ち進み、翌週も出演した。

ここでもし僕が逃げていたらきっと、本の信頼は地に落ちて、全員が損をしていただろう。

自分なりの牙、覚悟とスジを示すことが、最終的には大切なのだ。

変に自分を大きく見せる必要もなく、こういう信念で仕事をしています、と示せばいい。間違えることもあるし、謝るところは謝るけれど、自分の考え方はあくまでこうだと主張する。

それでうまくいかないのなら、仕方がない。

スーツと菓子折りで、その現場から逃げてしまう人は、怪獣の世界では生きていけない。

怪獣人間の怒りを鎮める

NO.

29

人間は感情の生き物だから「ただ怒っている」みたいな状況もある。そんなときに、こちらのスジや覚悟の話をしても怒りが大きくなるだけだ。

ここはポリシーひとつだけあればいい。「逃げない」。この一点だ。

もうどうしようもない、というところまで関係がこじれてしまったときは、そのままにするけれど、解決したいなら逃げない。逃げると、どんどん火が大きくなってしまう。

何か起きたら、まず会いに行く。連絡を取る。

連絡しない、ごまかす、右往左往していると、問題はどんどん大きくなってこじれていく。

猜疑《さいぎ》心も強く神経質で繊細な人を相手にするときは、計算で対応しようとすると腹の探り合いが続いて、心を開いてくれなくなってしまう。こちらは全部手の内を見せて、隠さない、魂胆はないことを相手に見せて近づいていく。

怪獣人間にもよるが、トラブルが起きたとき、その瞬間にすべてを放り投げてでも謝りに行ったほうがラクだ。

大抵の場合、『別にしてねえよ』で終わる。とにかく会いに行って邪気のない顔を見せればいい。

怪獣人間はわがままなのに繊細で、大胆なのに小心者だ。その複雑な性格が何かのタイミングでねじれ、人に対して疑心暗鬼になる。

変なことは言わなくていい。何があっても一緒じゃないですか、という姿勢が伝わるだけでいいのだ。

無茶な要求にどう対処するか

NO.

30

怪獣人間は常識に囚われない。これまで怪獣人間から無茶な要求をされたことは何度もある。怪獣人間は「なんとかする」人を求めている。

無茶にも種類がある。

なんとかなるものと、なんともならないものだ。

なんとかなるものはいくらでもある。

たとえば本の締切とかは、どうにでもなる。怪獣人間は、ルールは守るものではなく、壊すものだと思っている人たちだ。だから「会社の決まりで」などと言い訳してもどうしようもならない。物理的になんとかできるのなら、それまでの慣習や前例などなんの意味もない。こいつに頼めば「なんとかする」と思われることが重要なのだ。

一方で「なんとかする」と思われているからこそ「なんともならないもの」は正確にそう伝えたほうがいい。

たとえばもしガーシーさんに、逃亡の協力をして欲しいというようなことを言われたとしても、これはなんともならない。

協力する部分の一線を超えてしまったら編集者と著者の関係ではいられなくなるからだ。

お金のやり取りなども避けるべきだ。

「箕輪くんにも手数料が落ちるかたちで番組つくろう」みたいなお誘いをいただいたこともあるが、お金は一切受け取らないと断言していた。

僕が配信環境をつくって司会をしたガーシーさんとホリエモンとの対談の有料配信は数百万の課金にはなったが、僕は1円ももらわなかった。あくまで本の宣伝として仕掛けているだけでそこで収益を取ることはしない。

できないことをできないと言うためにも、あやふやなお金は受け取らないという姿勢が必要だ。

だいたい、消えていく人は、一瞬の欲望に負けて、目の前のお金を取りにいき、引くに引けない関係になってしまうのだ。

「僕はガーシーさんと商売しないから編集者としてガーシーさんとずっと一緒にいられるんですよ」と言ったら「箕輪くんはほんと金にきれいや」と何かの配信で

言ってくれた。

僕はお金に興味がないのではなく、怪獣人間を面白がるためにギリギリのラインを見極めているのだ。

矢印を揃えろ

NO.

31

関係性はグレーに、ゆるく、さりげなく。それでも、ここぞというときに手を組む存在にいかになれるか。

それには矢印を揃えるという意識が大切だ。

本を1冊つくるだけでも、著者は不安なので、いろいろなことを言ってくる。「この表現でいいのか」とか「この見出しでいいのか」とか「こんなタイトルでいいのか」とか、いろいろ言う。〇〇万部売りたい、宣伝を増やしたい、テレビに出たい、などなど。

その不安や要求が大きくなっていくと次第に編集者は受け止めきれなくなる。すると「いい本をつくって、たくさん売る」という目的に向かって矢印を揃えていたはずが、少しずつ、ぶつかり合ってしまうようになる。

何か不安を吐き出されたり、要求をされるごとに、編集者は著者をクレーマーのように感じてしまう。

「なんだか、またややこしいこと言ってくるぞ」と構え、何か言ってきても断る言い訳を探す。その時点で関係性として破綻している。

矢印が逆を向いてしまったらダメなのだ。

おそらく、日が経つにつれて著者側は「いい本にしたい」という思い入れが強くなる。

一方で編集者は会社員という立場が強くなり「締切に間に合わせる」みたいなことが目的になってくる。

しかし両者の矢印を揃えなければいけない。

どうしても「締切に間に合わせたい」という事情があり、そちらに矢印を揃えたかったら、その発売日を死守することがどれだけ「相手にとって」重要なのか1回しっかり話さなければいけない。

一方で本の中身をよくしたいという矢印に揃えようと思うのならば、「会社側に締切を遅らせられないか頼んでみます。絶対延ばさせます」と肩を組めばいい。

自分の都合や会社の損得で矢印を変える人間は仲間とは見なされない。

修羅場の数だけ強くなれる

NO.

32

相手を想像し、相手の人間性に応じて柔軟に対応を変える、それでいて丸裸。これらを体得していたら、あとは場数を経験するだけだ。なんやかんや言って人間関係は場数がすべて。

僕も最初は緊張していた。でも何人かの怪獣人間に揉まれることで、素直に丸裸になって、一貫性のある自分の姿を最初から出していくほうがいいことに気づいた。

これはもう、場数を踏むしかない。

これまでに何度か出たとこ勝負をやって、成功体験と失敗体験もある。修羅場の数だけ強くなれる。そういう感覚値を総合して、絶妙な感じを出す。職人さんの包丁研ぎと同じで、理詰めだけではなく、感覚でやる。

いま、本を書いているから言語化しているが、人との付き合いは最終的には肌感覚でやれないと小細工になってしまう。

たとえば、最初の出会いで恐縮し過ぎてしまうとその人の前では恐縮し続けるしかなくなる。そういう人は、怪獣人間の脳内で「恐縮棚」に入れられる。余計な気を遣うだけだからあまり近くにいてほしくない。疲れる人と見なされる。

人間関係は究極、場数だ。当たり前だけれども、人間と人間のやりとり、会話、感情の交換において、同じ場面は二度ない。

だからこそ、「なんであの時、あんな態度を取ってしまったのだろう」「なんであそこで、こう言えなかったのだろう」と、自分の中にずっと残っている大きな後悔や失敗をどれだけ多く持っているかが大事だ。

100%完璧に人間関係を作ることなんてあり得ない。さまざまな失敗や心残りをし、それを忘れずに持ち続け、人間に対しての想像力を深くする。

その繰り返しでしかないのだ。

怪獣人間攻略チェックシート

5

□ 義理人情恩返し、貸し借りの感覚がない人間は死ぬ

□ 礼儀作法の正解は相手によって変わる

□ 真面目で形式的な謝罪はダメ

□ 丸裸にならないと受け入れられない

□ とにかく場数を踏む

CHAPTER

6

［手懐け編］

人間関係の三角形

人間関係の究極の三角形

NO.

33

人間関係の三角形

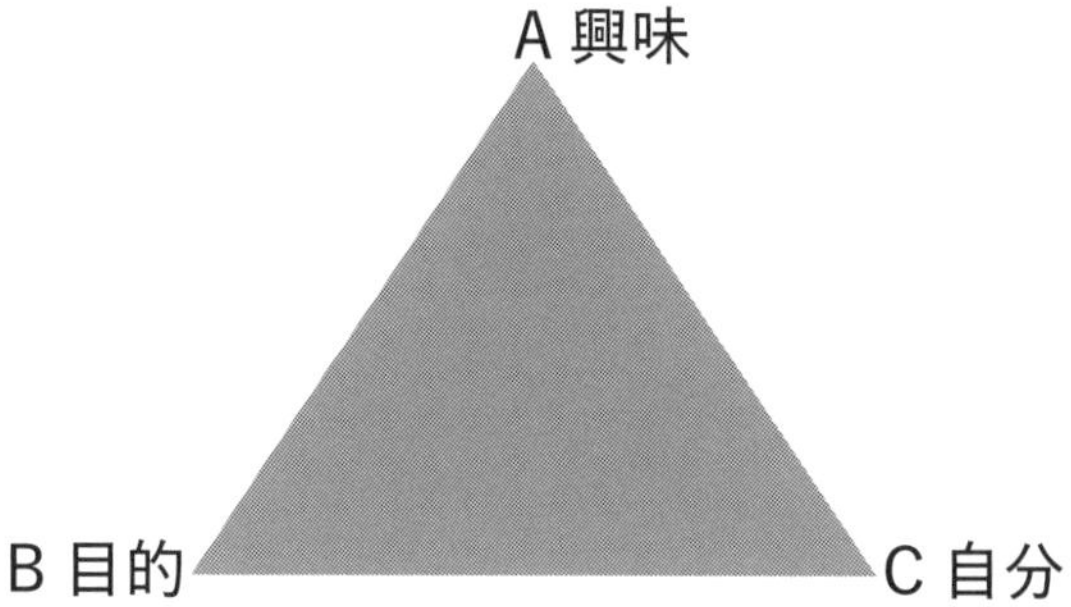

いよいよ怪獣人間と仕事をして結果を出すときだ。あくまで怪獣人間との関係は仕事をするためであって、仲良しごっこではない。仕事をするうえで必要なことを考えてみた。

これは僕がさまざまな怪獣人間と付き合って編み出した究極の三角形だ。人間関係の本質とも言えるかもしれない。

A興味　興味を持つ
B目的　目的を持つ
C自分　自分を持つ

A（興味）がなければ関係は始まらない。

相手のことが好きだということが大前提。好きだからとことん頑張れる。クソ人間でも極悪人でも、その才能を信じているから一緒にいられる。

でも興味だけだと、怪獣人間のファンで終わる、都合のいい人で終わってしまう。だからB（目的）を見失わない。

この本でいう人間関係は恋愛でも家庭でもない。あくまで仕事の関係だ。仕事としてやっていることを忘れないでおく。目的を見失うと、惰性の関係になる。無意味に消耗し、いずれ関係自体も終わる。

そしてC（自分）を持つ。あくまで自分は自分。

自分という核を持ち、相手にハンドルを握られないように、相手の色に染められ過ぎないようにする。怪獣人間は相手を染め上げ振り回す。だからこそ自分の核を持つことが大切。怪獣人間に支配され過ぎると、心身共にやられて人生がめちゃくちゃになる。

この三角形は仕事における人間関係の基本と言えるだろう。怪獣人間はもちろん、上司やクライアントに対しても、役に立つ考えだ。

興味があるから想像するし頑張れる。仕事という目的においてWin-Winだから関係が続いていく。相手がどんなムチャクチャでも、自分の核を持っていれば振り回されて人生を壊されずに済む。

人間関係は常に流れて変わり続ける。バランスが崩れ、傾くこともある。だからこそ、完全に壊れないように、この三角形を保つことが大切だ。

人間に興味を持つ方法

NO.

34

まず、すべての前提となるA（興味）について。

怪獣人間を手懐けるには、こちらが相手に興味を持てないとダメだ。これがすべてと言っても過言ではない。編集者は相手に興味を持つのが仕事だ。その人の才能や異質性に惚れ込んでいるかがすべてだ。人間として終わってるなと思っても、どこか光るものがあって、その光るものと関わりたいと思うか。自分なりに世に出したいと思えるかどうか。そこが最後まで粘れるかどうかを分ける。

自分がその光をもっと大きくしたい。ほかの人に預けられない。その執着が人間関係を維持させる。

どんな仕事でも人に興味を持てるかは重要だろう。

そこまで人に興味を持てないという人もいる。これは努力の問題ではなく、「ものの見方」の問題だと思う。

僕がよく言う「逆に理論」というのがある。

僕はサウナが好きだが、サウナによってはめちゃくちゃ熱かったり、ぬるかったりもする。その場合、熱いのは熱いから好きだし、ぬるくてもそれはそれでゆっくり長く入れるから逆にいいなと思う。水風呂も然りで、冷たかったらシャキッとして気持ちいいけど、ぬるくても優しくて逆に好きだ。

ある日、楽しみにしていたサウナが閉まっていたことがある。僕は「逆にいいな」と思った。「サウナに入りたいのに入れないというこのつらさこそ、サウナよりもサウナ的なのではないか」と。

つまり、どんなものでも捉え方次第で「逆にいい」のだ。

人間もそうだ。僕は人を世間の善悪で判断しない、ダメなところもその人らしさという視点を大切にしている。

業界の嫌われ者であろうと元犯罪者であろうと、面白い部分があれば人間と人間として付き合う。

前述した、漫画村創設者の星野ロミは漫画を違法アップロードしたということで有罪になりフィリピンで捕まった。その星野ロミと焼き肉屋さんで急遽YouTubeを撮ろうという話になった。そのときに彼が「この店って撮影許可とか大丈夫ですかね」と心配していた。

もはや倫理の線引きがどこにあるのかわからない。

漫画村事件の詳細は僕にはわからないが、彼のロジックでいうと、ルール（法律）に書いてなければやってはいけない。自分はルールを破ってはいない。ルールの不備をついただけで、正しいことをするためにルールの穴を探す。ということなのだそうだ。

一般社会に生きていたらすんなりとは共感できない話だが、イスラエル、ドイツ、日本という3つのバックボーンを持つ彼らしい歪《いびつ》な発想で、たしかにYouTubeもウーバーもスポティファイも最初は法律の穴をついて登場した。

善悪は裁判官が決めることだが、面白いかどうかは自分で決めていい。

世間があいつは悪人だと言っていても、自分の目で面白いかどうかを判断する。世間の声をただ聞いて、人間を表面だけで判断すれば、きっと魅力を見つけることはできないだろう。興味を持つことは難しい。

でも「逆にいいな」と、愚かさを愛する目を持てたら、世の中には好きになれる人や面白がれる人がたくさんいるはずだ。

憑依レベルの分析

NO.

35

相手に興味を持ち、好きになり、関係をつくるということは何か。

それは相手のことをとことん想像し切るということだ。

相手の気持ちや考え方を相手以上に考える、想像する。それは好きだからこそできるし、想像することでさらに好きになる。

僕の場合、人間分析を中学高校時代からずっとやってきた。これは怪獣人間を見つけ、そして近づくために大いに役立った。

佐藤優の『危ない読書』を読んで驚いた。まったく面識はないのに僕のことを取り上げてくれていた。この本はヒトラーやスターリンなどのさまざまな危険な人物の書籍を取り上げている。歴史上の極悪人もいる中になぜか僕の著書『死ぬこと以外かすり傷』も入っていた。驚くほど的確に僕を捉えていた。その正確さと深さがとてつもなかった。

佐藤優がよく言う「内在的論理」という言葉がある。これは人の行動の根底にある考え方やインセンティブのことで、心理学でも使われている言葉だ。

僕のやっていた人間分析は「どうしてこの人はこんなことを言うのか」「どうし

てこの人はこの振る舞いをしているのか」と、その人の深層心理に分け入って、そのメカニズムを探ろうとするものだったので、ほぼ同じと言っていい。

僕の言葉で言えば「憑依レベルの分析」。その人がどういうルールや欲望で動いているのか、その人を自分に憑依させたかのように考える。

憑依レベルの分析は、会わなくてもできる。むしろ会わないほうがかえって捉えやすい。直接会うとコミュニケーション力や表情でボヤけてしまうことも多い。

本とか動画を冷静に見たほうが分析できる。そこに書かれているものや映っているものだけではなく、行間やふとしたリアクションにこそ人間が出る。

「この人はやたらこんな話をするなあ。実はこう思っているからで、本心は逆にあるんじゃないか」と推測し、表に出ている現象から裏の意図や弱み強みが想像できる。

人間が表に出している部分だけではなく、自己顕示欲や嫌らしさ、ガメツさ、かっこ悪さを発見し言葉にしていく。

僕の独自の分析はいろんな人に求められる。それは当たっているとか外れているといったことではなく、ひとつの視点として参考になるからだろう。

　また分析されることで、自分自身を深く掘り下げるきっかけにもなる。本人でも気づいていない核となる部分を見つけて「多分こうじゃないですか」みたいなことを言うと、「なるほど、たしかに」となる。

　編集者の仕事は、相手が自分でも言語化できていない相手の気持ちを言葉にして、本性を引き出し「それ書きましょうよ」と本にすることだ。

「こいつはオレのことをわかっている」と信頼されることが何よりも仕事につながる。

　人間が人のことを信頼するときは、自分以上に自分のことをわかっていると感じたときだ。それは恋人でも編集者でも同じだ。

　常識的な人や立派な人でも、占い師や怪しい人にハマってしまう。これも同じ理屈だろう。自分がどんどん大物になったときに家族や恋人が「本当の自分を理解してくれない」と悩みはじめる。とんでもない決断とかとんでもないプレッシャーを味わったことがない人には、理解できるわけがない。

そして「わかってくれる」と占い師を信頼し、さらには洗脳されてしまう。

世の中の仕事は基本的に全部、人間を知ることだ。人間を知って国を統治するのが政治家、古くは宗教家。「人間とは何か」を捉えてサービスに落とし込むのがビジネス。それを作品に昇華するのが作家やアーティスト。

その力を養うためには「このとき何を考えていたんだろう」と相手の気持ちを想像してみることだ。

こうした想像力は小説を読むことでも身に付く。僕は小説を特別たくさん読んでいるわけではないが、本に出てくるこの人は、何を考えているのだろうとか、想像力を働かせながら読む。

映画はどんどん向こうのペースで進んでしまうけれど、小説は行間があって答えも明確には示されないから想像力の幅が大きくなる。本は余白が多いから、こちらの想像力を発揮しやすい。「多分こうだろう」とか「きっとこうだったのではないか」と考えてみることだ。

失恋したりいじめられたり、なんでこうなるのかよくわからないこと、人生の細かな悲しさも、想像力を使う機会となるだろう。

活躍している起業家とかクリエイターはみんなそれをやり続けている。

たとえば、秋元康さんは流行っている現象や流行っている人を常に見ている。そして対象をそのまま受け取るのではなく、その裏にある人間の意識、心の動き、声にならない声を読み取る。それを歌詞で表現しヒット曲を生み出す。

ほとんどの人はそこまで人間に興味を持たないのではないか。

怪獣人間たちは人間を深く理解している。源流に近付けば近付くほど、便宜的なコミュニケーションは通用しない。すぐに見抜かれてしまう。

当たる当たらないではなく、まずは相手の人間性を理解しようと想像し切ることが大切だ。

想像力を働かせることは正解を当てることではなく、人間への興味をより深めることだ。怪獣人間と付き合い仕事にするには、相手の奥底を、人間が何たるかをひたすら想像する姿勢が欠かせない。

「仲良くなる」と「仕事をする」は微妙に違う

NO.

36

B(目的)を見失わないことが大切だ。多くの人はここを忘れがちになる。しかし大人の関係は仕事をすることで持続する。

言い方は少し悪いかもしれないが、僕は自分のやりたいことのために、怪獣人間を利用させてもらっている。

利用させてもらうけれど、お互いメリットがある。Win-Winでないと怪獣人間との関係は続かない。

たとえば「この本が売れたらあなたの会社のブランディングになります」と提案し一緒に仕事をさせてもらう。

本が売れてテレビに出て会社も有名になる。信用を得られて案件が決まったり資金調達が決まったりする。その代わりにこちらも本が売れて儲かる。お互いの結果がちゃんと出てハイタッチをする。

いい仕事ができなければ関係は続かない。せっかく距離を詰めて、いいやつだと認識される存在になれたとしても、結果を出せないと飲み会に呼ばれるだけの人になる。

そして仕事の結果の出ない人は、いずれ飲み会にも呼ばれなくなる。怪獣人間は、暇じゃない。飲み会でさえもムダを嫌う。いらない人は呼ばない。

大人同士の関係を保つ、対等であり続ける、それでいて常にこちらの存在を意識してもらう。

この距離感を保つために、仕事の結果をしっかり出す。

たとえばガーシーが出所したときに、メディア対応をどうするか、今後の復活劇を相談される相手になれるか。

みんなに求められるのはしんどいし、「おまえ、そんな犯罪者と何やってるんだ」と言われるかもしれないけど、困ったときに頭に浮かぶ存在でなければ怪獣人間とは付き合えない。

同じ船に乗っているか？

NO.

37

B（目的）を達成するためには、同じ船に乗ることが重要だ。

ただ作業のように仕事を進めるのではなく、同じ船に乗って同じ島を目指すような感覚がないと深い関係はつくれないし、大きな結果には結びつかない。

最後の頑張り、もう一歩の本気さで仕事の成果は大きく変わる。

「こいつのためだからあと1回書き直してもっといい本にしよう」と思ってもらえるか。宣伝のために走り回ろうと思ってもらえるか、そこが結果を分けるのだ。

徹夜で書いてくれている著者がいるのに、それも知らず「締切になりましたので原稿をよろしくお願いします」とだけメールする人もたくさんいる。

相手は寝ないで書いているのだ。こっちも寝ないで併走する。少なくとも、そんな雰囲気を出す。

なんの役にも立たないかもしれないし迷惑かもしれないけれど、相手が望んでいることを想像する。とことんやる、一緒にやる、という気持ちを表す。

締切だってことは相手もわかっている。その人に「締切です」と言うだけだったら、「なんだこいつ、二度と仕事するか」と関係が終わってしまう。

また、相手がＳＮＳで「体調が悪い」と言っているのに、仕事を急かす連絡をする人もいる。この人は自分のことを見ていないんだなと幻滅されるだろう。忙しい怪獣人間に、「おまえのためなら、ひと肌脱ごう」と思ってもらえるかどうか。

働き方改革もわかるし、労働基準法もわかる。だけど、大事な著者からのメッセージに「深夜だから答えられない」とか「週明けにお答えします」といったやり方をして、信頼を得られるだろうか？　こちらの求めるものをそれでも相手がくれると思ったら、大間違いだ。

これは生き方の問題なので、一概にどちらがいいとは言えない。僕みたいに24時間いつでも返信する人もいれば、「週明けにお答えします」という人もいる。どちらがいいとか悪いというわけではないし、ライフスタイル、さらに言えば「自分の幸せ」との兼ね合いで決めることだろう。

ただ「怪獣人間と仕事をしてインパクトある結果を残したい」と思うなら、人間界の日常的な幸せなんて求めてはいけない。

相手の欲望を解放させる

NO.

38

編集者の仕事は、究極的には著者の才能をフルで発揮させることだけだ。それが一緒に原稿を磨き上げることの場合もあれば、ただ酒を飲んだり一緒に旅行をしたりすることかもしれない。

正解などなく、ただ寝てたって、最高の本を作ることができればそれでいい。

僕が心がけているのは、著者に何も制限なんてないと思ってもらうことだ。著者が戸惑うくらい、「何を書いても大丈夫ですよ」と提示する。そして才能や欲望を解放してもらう。

売れるか売れないかとか、締切に間に合うか間に合わないかみたいな話は最初に一切しない。とにかく著者の才能をフルで発揮してもらうことだけを考える。

本を書く著者に限らず、怪獣人間は予定調和やルーティンを嫌う。そこから新しいものや面白いものが生まれないと気づいているからだ。

しかも日々の仕事は意外と地味な積み重ねだったりすることも多い。だからこそ新しく組む仕事相手には新鮮な発想やいままでの安全圏を踏み越える一歩を期待しているのだ。

アカツキ社長の起業家、塩田さんの本を作る時に何度か打ち合わせをした。

その打ち合わせでは「遊び心がいかに仕事でも大切か」みたいなことを書こうという話になった。でも、僕はなんか塩田さんがそこまで前のめりになっていない気がした。

そこから僕は目的のない雑談を何日か繰り返した。

話を聞いていく中で、「魂を進化させる」とか「目に見えないものを見る」とかスピリチュアル的なことを言ってる時に目がキラキラすることに気づいた。

そこで僕は、『魂2・0』みたいな精神の話しかしない狂った本を書きましょうよ」と提案した。塩田さんは「一応上場企業の社長なのに頭おかしいと思われないかな」と心配していたが、明らかにそこからエンジンがかかった。そこから自作の絵と歌まで付録にしたりとノリノリになっていった。

最終的に『ハートドリブン　目に見えないものを大切にする力』という本を完成させた。塩田さんは本の出来に満足し、電車や駅をジャックする書籍広告まで出してくれて本はたくさん売れた。

きっと予定調和のビジネス書を出していたら、本人もそこまで乗り気にならず、ヒットしなかっただろう。

怪獣人間は人と違う。だからこそ、その世間には普段出していない部分を引き出す。

あらゆる制限を一旦ナシにして、こいつと組めば自分が本当にやりたいことができると思ってもらうことが大切なのだ。

それがベースにあって、徐々に、売れるかどうか、締切に間に合うか、ギリギリのところで調整し着地させる。著者のオリジナリティを世間が受け入れられる濃さに調整し、わかりやすくパッケージングする。

この順番を間違えて、著者のこだわりやひとつの表現よりも自分や自分の会社の都合、世間のニーズを最初に持ってきてしまうと、本気で同じ船を漕いでくれない。

怪獣人間は新しい世界を見れる仲間を常に、求めているのだ。

経過ではなく結果に責任を持つ

NO.

39

元ビッグモーター幹部の中野優作『クラクションを鳴らせ　変わらない中古車業界への提言』やガーシー『死なばもろとも』など話題のど真ん中の本を出すので、僕が何か裏で仕掛けたりしていると思われる。

しかし、それは違って僕は常に怪獣人間を頭の中で30人近く飼っていて、時代と交わるここぞというタイミングで一気に引き揚げて世の中に出しているだけなのだ。

元ビッグモーター幹部の中野さんの本はビッグモーター騒動が取り沙汰される1年以上前からつくっていた。

たしかに良い本なんだけど、普通に出しても売れない。業界の人たちが買うだけで終わってしまう。それはもったいない。中野さんのためにならないし、僕の価値は出せるのか。などと考え仕事を進めずにいた。

適当な返事をし、原稿を塩漬けにしていた。

あとで聞いた話だが、中野さんは一向に進まない僕との仕事を不安に感じて周りに相談していた。多分、もうボツなのだと他の出版社に持っていくことも考えていたらしい。

しかし、世の中がビッグモーター騒動一色になった瞬間「中野さん速く原稿を完成させてください。記者会見の翌日にamazonで予約開始しますよ」と連絡した。とてつもなく自分勝手な話だけれど、そこからビッグモーター騒動に関する見解を加筆し一気に完成させた。

Amazon予約で書籍総合第一位になり、発売前重版も決まった。

この話を普通に聞けば、山師のようないいかげんな仕事だと思う人もいると思う。

サラリーマンやまともな人間は「経過」にこだわるが、怪獣人間が欲しいのは「結果」だ。

怪獣人間と仕事をしたければ、相手の顔ではなく仕事を見る。相手に対してより目的に対して真剣になることが必要だ。

10%の自分を持つ

NO.
40

いままでの話と矛盾するようだが、相手に合わせ過ぎないという気持ちも必要だ。人間関係においてC（自分）を持つことは極めて重要なのだ。

怪獣人間と仕事をしていくと、相手の魅力やオーラに支配されそうになる。でも、90％は怪獣に染まるとしても、10％は染まらない自分を持つことだ。完全に染まってしまうと心身が疲弊する。

何より、相手色に染まるということは、相手と同化し、相手にとって刺激のない存在になるということでもある。それでは面白い仕事はできない。

10％の自分となるもの、自分なりのスタンスを明確にしていくことが大切なのだ。

怪獣人間たちとやり取りをするときも、「僕のスタンスはこうなんで」とはっきり言えることが強みになる。たとえ言えなくても自分の中で持っておくことは重要だ。

自分のスタンスを決めて、そこに従って、正直にしっかりと怪獣人間に向き合う。

まだ自分が確立していない頃、飲み会で藤田さんや秋元康さんに「すごいね、箕輪君」と言われて、「いやいや全然そんなことないです」と僕が柄にもなく謙遜していたら、見城さんに「そんなありきたりなこと言うなよ」と言われた。

偉い人の前でどんなに酔っ払っても怒られることはないので意外だったが、「ありきたりなことをするな。ちゃんと自分という存在でいろ」と言われたのだとあとから理解した。おまえは謙遜するような人間じゃないだろ。無礼でも面白い存在でいろということだ。

僕は誰に何を言われようと、自分を持とうと決めた。

自分を持てない日本の教育

NO.

41

自分がないままに生きていくと、誰かの色に染まったり飲み込まれたりして苦しくなるばかりだ。

では、自分の核をどう決めるか。

もしかしたら、「自分はこういう人間だ」という確信がある人のほうが少ないのかもしれない。

普通に生きていたら、自分の核を持てない人ばかりだろう。これは、日本の社会や教育の問題でもある。

たとえば、2023年3月から方針の変わったマスク着用問題。いまは原則自由に個人の判断でマスクをしたり外したりする。しかし、うちの子どもを見ていても、しばらくの間マスクを外してもいいのに周りが外さないから自分も外せないという状況になっていた。

小学生はみなランドセルを担いで登校しなければならない。これも当たり前のようだが、統一しなければならない理由はよくわからない。

冷静に考えたらよくわからないルールがあって、「そういうもんだから」と小さい頃から従ってしまう。

社会に出てからいきなり「自分を持て」と言ったところで難しいのは当然だ。日本の教育は、個人の持っている型を一度、ぶっ壊して、みんな共通の型にはめ直す。このときに、本来あったかもしれない自分がなくなっていても不思議ではない。


自分がないまま、怪獣人間に近づくのはきつい。ただ食われてしまう。

自分を持たないと、一生小間使いのように誰かの指示で動き続けることになってしまう。それは会社との関係でも世間との関係でも同じだ。いつしか自分と会社や世間が同化し、染められ支配されてしまう。そうならないために、自分の核をつくらないといけない。

自分の核は他人との比較によって磨かれていく。

僕も怪獣人間とたくさん仕事をする中で、こっちではないな、あっちではないなと、ぶつかりながら自分のかたちを探していった。

見城さんのような寝ても覚めても相手の気持ちを繊細に考えるやり方は、僕にはとてもできない。だからこそ、僕はどこかで割り切って仕事をできると気づく。

ホリエモンが家庭を大切にしたりとかボーッとしたりする時間を一切持たず、ひたすら仕事と遊びに全振りする姿を見て、自分はそこまではないな、何気ない日常も大切にするほうだと気づく。

極端な人、優れた人を見ながら、自分の核を再確認していく。できないことや、不得意なところで勝負しても、とても勝てない。大事にすべきは良くも悪くも自分に本来ある強い部分だ。

自問自答の技術

NO.

42

自分の核を見つけ、守り、強くするために、僕は「こう生きたい」という自分なりのあり方をiPadにメモし、毎朝見返している。

その下に1年・半年でやる仕事を書く。定期的に書き直しているが、「書くこと・話すこと・企画することで面白いものをつくり、自分も楽しむ」これが自分のありたいスタイルだ。それを具体化すると「狂気の本づくり・強い身体づくり・持続的な収益」になる。さらにその下に、今日やる仕事を書く。「ゲラ戻し、キックボクシング、コンサル3件」みたいに列挙する。

だから、会議も打ち合わせも本の編集も「こう生きたい」に紐づいている。

1個1個の仕事を「自分はこれをやるべきなのか」と自分に問う。空気を読むのではなく、自分に聞く。僕は本当に気分屋なので、急に興味を失ってしまったりする。

自分が本当にやりたいことは何か。できるだけ常に、考えようとしている。

会社の都合や人の都合は関係ない。自分の意見を大切にする。気分が乗らない仕事はやめたり、周りに振ったりする。

社会人としてはかなり無責任で、何人かの信頼を失ったり怒りを買ったりしているると思う。だけど、そのマイナスと引き換えに、自分の核というのは強くなっていく。

申し訳ないけれど、自分はこうとしか生きられないという部分。それを日々、言葉にし、行動にし、認識していく。

忌野清志郎の好きな言葉で「他人に嘘をついても、自分に嘘つくな」というものがある。

人間誰だって生きていたら、少しの嘘や忖度やお世辞を使いながら生きていかなくてはならない。しかし、それを何度も何度も繰り返すうちに、自分の心までも曲がっていってしまう。

他人に嘘をつかなくてはいけないときでも、「いまは本音を言えないが、自分はこう思う」ということを忘れずにいるべきなのだ。

怪獣人間は魅力的で人に影響を与えるカリスマ性がある。だからこそ自分の核を強くし続けなくてはならないのだ。

ハンドルは自分が握る

NO.

43

自分を持つのがなぜ大切か。人間関係のハンドルを自分で握るためだ。自分の核がないとただ怪獣人間の都合に振り回されて終わってしまう。

ある夜、ブレイキングダウン運営の起業家、溝口勇児とケンカをして、服をビリビリに破き合ったことがあった。しかし、それがきっかけでまた仲良くなり、いま注目を浴びている彼の本をつくることになった。

喧嘩をすればいいというわけではなく、あくまでちゃんと自分を出すということが必要なのだ。自分を出して、揉めて、関係は強くなる。尊重はするがコントロールはされない。相手にハンドルを握られ生まれた本は、だいたいつまらなくなる。お互いに鉄を叩き合うから面白くなるのだ。

一緒に何かをつくるとき、こちらにも自分があるところを見せる。

怪獣人間と仕事をすると、結構な確率で心を病む人が出てくる。

だからこそ、あくまでハンドルはこちらが握る。自由に運転させているように見せてもハンドルからは手を離さない。24時間365日その人の犠牲になって自分の人間性が失われてもいい、という人もいるかもしれない。しかし、あくまでその犠牲は自発的でないといけない。言ってみれば、どうしてもその作家の作品を世に出したいというとき、人生のすべてを投げ打って心中するぐらいの覚悟でやってもいいけれど、それもあくまで自分の手のひらの上で起こっているドラマで、俯瞰でその一部始終を楽しんでいるというイメージだ。

なぜブラック企業で働くと心身を壊すのか。

仕事がキツいからではない。他者にコントロールされるからだ。

要は就業時間、給料、仕事内容などの重要な部分を、自分がよくわからず理不尽に振り回されているからだ。いつ終わるかわからない仕事とか、意味があるのかないのかわからないような仕事で長時間拘束されて、上司や顧客の機嫌次第でコロコロ変わって支配される。それはストレスが溜まるだろう。

一方で起業をして自分の意志で寝ずに仕事に明け暮れるのはどんなに大変でもイキイキ取り組める。振り回されているように見えて、実はこちらがハンドルを握る。そのために自分を持つことが大切なのだ。

たかが仕事と割り切る

NO.

44

怪獣人間は、問題を起こす。波風をあえて立てることでものごとを大きく動かしていく。いちいち動揺するとキャパオーバーになってしまう。そうならないために、自分を強く持って付き合っていく。

怪獣人間に影響されて、自分の生活が崩れたり人間性やメンタルまでおかしくなっていくと、「こういう人たちとは付き合えない」とギブアップせざるを得なくなる。これでは仕事の結果を出せなくなる。

そのために日常生活において大切なのは何か。

バカみたいと思うかもしれないが、自分を追い込む「スポーツ」が有効だ。

あくまで人生があっての仕事。すべてを仕事に吸い取られたら病んでしまうから、自分らしくいられる時間をしっかり保つのだ。

筋トレや格闘技で体を動かし汗を流せば、心身共に健康な状態でいられる。怪獣人間と対峙するためには、こちらの心身が健康である必要がある。

怪獣人間はカリスマでもあり、気狂いでもある。

だから、自分色にすべてを染め上げる。ポジティブな空気で周りを巻き込むこともあれば、ネガティブな空気で周りを侵食することもある。

自分の心身が充実していれば、ネガティブ光線を発する怪獣人間も「なるほど、こいつには効かない」とあきらめる。

ケンカでも格闘技でもそうだが、怪獣人間に向かって行くとき、最も危険なのは中途半端な距離だ。

ボクシングならクリンチして抱きしめるぐらいの近さで仕事をする。一歩でも下がると、攻撃をもらい続けてしまう。クリンチするか完全に離れるか。中途半端な距離を取ったら、やられてしまう。

自分の生活を充実させ、そのうえで人間関係を築いていく。

優秀な編集者やテレビ局の社員にもそういうタイプの人は多い。タレントや芸能人はとんでもなくパワフルだし、ある意味で異常な人も多いので、そういう人たちと毎日付き合って仕事をしていくには、明るくポジティブで元気でなくては耐えられない。

トラブルを抱えているときでも「この人、事態をわかってるのかな」と思うくらい、ひょうひょうとしている。いろいろな修羅場を経験しているから、いい意味で鈍感になっている。

自分のペースを維持するためにスポーツがいい2つ目の理由。

それは怪獣人間とは別の時間、ほかの修羅場を持つことによって、怪獣人間とのトラブルがある意味で相対化され、軽く考えることができるからだ。

怪獣人間に怒られ追い込まれているときでも、1時間格闘技の練習をする。殴られ、蹴られ、死にかけると、怪獣人間も大変だけど物理的に殴られるわけでもないし、格闘技のほうがしんどいかもなと思える。

その意味では冒険とか登山もいいかもしれない。仕事よりもしんどい状況を持つ。

しんどい対象がひとつしかないと近視眼的になり、どんどんと苦しくなる。

修羅場の数も増やせば、一つひとつが軽くなる。

たかが仕事とどこかで割り切れるようにする。

僕なんて、仕事も家庭も格闘技も、しょっちゅう修羅場だから、一つひとつになんとも思わない。たかが仕事だ。

WBCでダルビッシュ有が、バッティングの調子が上がらない選手について「野球なので、そんなの気にしていても仕方ないですし、人生のほうが大事ですから。野球ぐらいで落ち込む必要はないと思いますし、休みもあると思うので、野球以外のところ、楽しいことをしたり、おいしいご飯を食べたりしてリラックスしてほしいなと思います」とインタビューで話していた。

日本中からプレッシャーを受ける状況だからこそ、あえて「たかが仕事」と思い込む。そうやって相対化することで、自分の力を思いっきり使えるようになるのだ。

嫌われたら仕方ない

NO.

45

怪獣人間は魅力的だ。カリスマ性がある。「この人に好かれたい」「この人に嫌われたくない」と人に思わせるオーラを出すのだ。

「この人に嫌われたら困る」と思うことはある。それでも、もし嫌われたら「しょうがないな」という気持ちも大切だ。そういう気持ちでいないとハンドルを握られてしまう。

自分は自分だという核がないと怪獣人間に飲まれて染まってしまう。

関係が崩れてしまったときに「しょうがない」と思えるかどうか。割り切れるかどうか。

もちろん好きな人にはちゃんと好かれたい。それは当然の気持ちだけれど、自分のことを嫌いだと思うなら「仕方ない」と考える。

むしろ、無理をして誰かに合わせようとしたら、悩みが尽きることはない。

「どうしてうまく伝わらないのか。こちらが何かしたのか。自分はどうすればいいのか」とどんどん思考が狭いほう、難しいほうへこじれてしまう。

世の中にはたくさんの人がいて、それぞれに自分の色で生きている。当然、自分に合わない人もいる。

自分を隠して気に入られようとする、自分を変えて付き合おうとするから、本来は合わない人がいっぱい周囲にくっついてくる。

「こんなことを言ったら引かれないだろうか」とビクビクしながら付き合う。嫌われそうになったら、「違うんです」と修復しようとする。いつまで経っても、自分のありのままを貫き通せない人生になる。

「申し訳ないけれど私はこうですから」というスタンスで、一緒に酒を飲むなり、仕事の話をすればいい。自分のダメなところも隠さない。

たとえば、社内の酒の席で開始時間になっても肝心の上司が来ない。開始時間だからと飲み始めていいのかどうか。

結論、飲みたければ飲めばいい。

僕は「こういう人間なので」と飲む。上司が来て「乾杯する前に飲むやつがあるか」と怒る人は、僕のことはもう誘わないだろうから、それでいい。

それに上司が本当はどう思っているのか知っている人はいない。

どちらが正しいとかではなく、どちらを望んでいるかどうか想像してみる。自分が到着する前に飲んでいたヤツを見て「こいつは素直だな」と気に入る上司だっている。

それで怒るようなら、価値観が違うから、そっと距離を置けばいい。

そして、最悪の場合「人間関係は、壊れてもいい」と割り切ること。

「嫌われたら生きていけない」と思えば思うほど、人間関係はおかしくなっていく。

ゆるく長く関係性を捉えてみる

NO.

46

ビジネスは白黒つくが人間関係は白黒つかない。グレーのあいだを行ったり来たりする余白が大切だ。

人間関係に割り切りや妥協はつきもので、毎回正論で返すだけでは関係性は維持できない。人によったり状況によったりで、ゆるやかな関係性を持ちたい。たとえば怪獣人間から本の企画をもらって、どう考えても売れそうにないとき、やる場合もあるし、断る場合もある。関係はそのときだけではなく、中長期で考えるので臨機応変に対応する。

こちらの都合だけ押し付けることはできない。怪獣人間にも都合がある。幅広い観点でその人と関係をつくっていく。もしも、それを白か黒で判断するようになったら、ビジネスの損得以上の付き合いにはならない。

たとえば怪獣人間から赤字確実な企画が来たとき、なんでもかんでも言いなりになって都合のいい存在になってしまっては単なるコマのひとつだ。しかし「できません」と返すばかりではいけない。そこで貸しをつくって、あとあと返してもらうということもあり得る。

格闘技でも、かっこいいパンチやキックでKOできればいいが、寝技でじわじわ時間をかけ判定を狙う戦法もある。「白黒つけたい」なんて思っていたら、一発当たって負けるリスクも高まる。

いまいちな企画にも、距離感をうまく取って対応していけばいい。その場で「ダメ」とか「やろう」とムリに決め付けなくてもいい。

ホリエモンから深夜に飲みの誘いが来る。LINEをスルーしていたら電話がガンガンかかってくる。そんなときに、シリアスに考えてまじめに行けない理由を言う必要はない。盛り下がるし、面倒臭いやつだと思われるだけ。寝たふりをして、翌朝、ごめんなさいスタンプを送ればいいだけなのだ。絶妙なグラデーションでお互いに関わり合うことだ。

この絶妙な距離感は、僕はそんな大変なことではない気はするけれど、ほかの編集者たちを見ているとどうも難しいこともあるらしい。著者との関係が完全に終わるか、仲良くなり過ぎて都合のいい存在になってしまっているかになる傾向が強い。その間でゆるめに都合よく付き合ったほうがいい。

自立とは依存先を増やすこと

NO.

47

僕が人に対して割り切った態度を取れるのは、いろいろな人間関係を同時多発的に動かしているからだと思う。いろいろなコミュニティを持っている。出版界、起業家界、テレビ業界、オンラインサロンとか家族とかサウナとか地元とか。

どこかで嫌われてしまっても、ほかにも自分らしくいられる場所がある。

東京大学先端科学技術研究センターの熊谷晋一郎准教授が言っているように「自立とは依存先を増やすこと」なのだと思う。依存先がひとつだと自立できない。会社とか学校とかどこか1カ所が、人生の人間関係のすべてだったら、依存せざるを得なくなる。嫌われたらどうしよう、と萎縮してしまう。

そこで嫌われてハシゴを外されたら終わりだから悩んでしまう。

依存先が無限にあれば、いちいち悩む必要はない。「しょうがない」と割り切っていける。色々なことをいっぱいやっている人は、人間関係に悩まされる必要もなくなる。相手も、この人は言っても仕方ないとあきらめて、むしろ自分らしさを受け止めてくれるようになる。

依存先が少ないと「上司が不機嫌なのは自分のせいかな」などと心配したり、悩んだりしてしまう。

僕の場合、上司が不機嫌な顔をしていようが、妻が不機嫌な顔をしようが、そのときは気づくけれど、次の瞬間忘れている。これはよくないことではあるけれど、いろいろあり過ぎて忘れてしまう。

もし不機嫌に気づいたあと、どうしたのだろうと悩むと、向こうもさらに不機嫌になる。「気づいているのに何もしない、何も言ってこない」というわけだ。

無神経とは違う。気づくけれど、負のスパイラルに陥るような入り込み方はしない。そこでどれだけ悩んでも相手の不機嫌は多分、解消されない。

人間関係やコミュニケーションで悩む人は、相手が自分のことをそれほど考えていないにもかかわらず、相手のことをずっと考えてしまうことがあると思う。

秋元康さんがこういうことを言っていた。何か大きな失敗をしたとき、全員が自分のことを見ているように感じてしまう。けれども、それは電車に乗っているときに一瞬、窓の外に裸の女性が見えたようなもの。「あれ、裸じゃん」とその瞬間は驚いても、2駅ぐらい通過したらもう忘れている。それと同じようなものなのだ。

みんなそれぞれ自分の人生がある。みんな忙しく生きている。人のことなんて、たいして関心はない。「炎上してる」とか「みんな自分のことを悪く言っている」とか、勝手に思っているだけ。

この人に嫌われたら収入がなくなる、友達がいなくなる、人生が傾くなどと心配して生きるのは、不健全だ。

柱が100本あれば1本折れてもたいして傾かない。1本だけだと、その柱が折れないために必死で支えなければならない。そのために自分に嘘をついたり、相手に気に入られるように振る舞ったりして、どんどん本当の自分ではない自分を演じるようになっていく。

怪獣人間のような存在と付き合うからこそ、染まらない自分を持つ。依存先を増やして自立しないといけない。

怪獣人間攻略チェックシート

6

□ 興味、目的、自分を持つことが大切

□ 人間に興味を持つのはすべての仕事の基本

□ 同じ船に乗り相手の力を引き出す

□ 目的を見失うと関係も壊れる

□ 自分を持ちハンドルを握らないと潰されてしまう

CHAPTER

7

［人間対策編］

プチ怪獣との付き合い方

陰口を言ってくれてありがとうと考える

NO.

48

怪獣人間との脂っこい話が続いたので、少し休憩しよう。

この本はそもそも新人の女性編集者が、癖の強い人と仕事をする僕のコミュニケーション術を本にしたいということから始まった。

怪獣人間と仕事をするのはレアケースかもしれないが、普通に仕事をしていて人間関係やコミュニケーションで悩む人は多いと思う。そんなときに参考になればいいなと思って書いている。

繰り返しになるが、エベレストを目指せば富士山は余裕で、高尾山は朝メシ前になるでしょ、みたいなことだ。

見城さんやホリエモンやガーシーとの付き合い方を学べば、会社のうざい上司なんてプチ怪獣にすら感じないはずだ。

こういう本を書いてる人は大体会社勤めではないが僕はサラリーマンだ。

ここではよく聞く悩みを挙げてもらった。日本のサラリーマンを代表し、サクッと解決していこう。

「陰口が気になる」。これよく聞きますね。

誰かに直接言われることより、「誰々さんがこう言っていた」みたいな話で疑心《ぎしん》暗鬼《あんき》になったりビビってしまう人はいる。

僕は多分、平均よりも100倍くらいそういう声を聞く。「○○さんが箕輪のことを××と言っていた」みたいな話だ。この前なんか「僕が問題を起こし泣きながら全社員に向かって謝罪した」という話を聞いた。

こういうデマが出回るのは、偉そうな箕輪は実はダサいみたいなことを言いたいという願望があるからだろう。その結果、少しずつ話が盛られていき、伝言ゲームの末に新しい話になってしまったのだ。

あとは冗談みたいなことも多い。飲み会を盛り上げるために冗談で言ったのに、それが本人の耳に入るときに悪口のように変わってしまっているというケースだ。

僕もよく言う。『メモの魔力』の前田裕二はみんなから好感度が高く、みんな褒める。だから僕は仲のいい友達として「前田さん、ほんとはメモ取ってないからね。書いてるふりだよ」みたいな冗談を言う。前田さんは本当にメモを取りまくってるからこそ、この冗談が成立する。

でもこれも3人くらい伝言ゲームを進むと「前田さんの本を箕輪さんが嘘だって言ってた」みたいになってしまう。

これも前田さんがIT起業家で、モテモテだから、なんか評判を落としたい。みたいな願望が裏にある。

つまり、相手から直接言われる言葉以外は、周囲の勝手な願望が入り込んで、もはや原型をとどめていない話になるということだ。だから、そんな陰口に一喜一憂する必要はまったくない。

映画に出てくる村人Aと村人Bが話している程度に捉えればいい。彼らは自分の物語におけるモブキャラであり、編集でカットされる可能性が高いどうでもいいシーンを演じてくれているエキストラの方々だ。

僕は口癖のように「陰口とかマジで気にしないんですよね」と言っている。言霊という言葉があるように、気にしないと決めると気にならなくなってくる。

世界は多くの人の妄想や願望でできている。本当の自分などなく相手が見たい自分がいるだけだ。だからこそ、コントロールできない相手が、見たい自分のことを考えても仕方ない。

忙しいのに陰口言ってくれてありがたいなと考えるだけでかなり楽になれる。

社内政治は仕事の原則

NO.

49

「社内政治が嫌い」。これよく聞きますね。

社内政治というとネガティブな印象を受ける。

「社長や上司の機嫌で決まっちゃう」みたいな愚痴を言う人もいるが、社内政治ができなくて仕事が進むほど、残念ながら甘くはない。

社内政治とはひと言で言えば、関係者の利害の一致だ。これは社内に限らず、あらゆる仕事においての原則だ。いかに関係者の利害を一致させるか。ゴマをすったり、お世辞を言ったりではなく、社内政治とはそれぞれの欲望を合わせること。シンプルにそれが1番大事。

僕が起業家、光本勇介の著書『実験思考　世の中、すべては実験』でやったのは、本を原価で販売して、読んだ人が価値を認めてくれたらその分を課金してもらう「価格自由」というまったく新しい仕組みだった。電子版は0円、紙版は原価の400円で売り出した。

「価格自由」は本の新しいマネタイズの方法として実験的にやりたかった。ただそれだけなのだが、社内で通すためにどうするか、いろいろと考えた。著者と僕の合意だけではやれないことだ。関係者全員の理解を得る必要があった。

営業部門の意向を憑依レベルに分析してみる。

「売り上げを上げたい、変なリスクは避けたい、社長の指示は絶対」と思っているはずだ。

それに対し、今回の企画は「売り上げは未知数、リスクもある、社長は知らない」いきなり営業へ持ちかけたら、「できない」で終わってしまう可能性が高い。

利害一致とはパズルのようなもの。つまり、それぞれのピースのカタチを把握し、どの順番でハメれば、自分が見たい絵が完成するかを想像し実行することなのだ。

僕は、まず社長に、「めちゃめちゃいいアイデアがあるんですけど、営業と相談してやっていいですか」と持ちかけた。あまりにも漠然としている謎の提案だが、ここでは細かいことは言わない。必要なのは「社長がやってと言っている」という言質《げんち》を取ることだ。

社長は「いいよ、営業と話をしてくれ」と言った。

それはそうだ。あまりにも抽象的な提案すぎて断る理由すらない。

そのネタを手に「社長がやってと言ってる案件がありまして」と営業に話をしに行く。そうすると「できない」という選択肢はなくなり、どうしたらできるか、という話し合いになる。

同時に著者と話をする。会社としては売り上げがほしい。原価で売っても1円も儲からない。「価格自由」でいくら課金されるかは未知数だ。

一方で著者は「価格自由」をやりたがっていて、それなりに予算を持っている。

そこで3万部が売れた場合の売り上げを前金でもらえないかという交渉を著者にした。「価格自由」で入った分は相殺する形で返していくと。

営業とも握って、売り上げも見込めて、最後にあらためて社長に話を持って行く。

社長の目的は何か。

「売り上げが立つこと、リスクがないこと、幻冬舎にとって価値があること」だ。

売り上げの目処は著者と握った。リスク回避は営業と握った。

そして「こんな新しいことをやるのは幻冬舎しかない。さすが幻冬舎となるはずです」と言い、最後の目的も一致させた。

こうして、全員の利害を一致させていく。結果的に発売して1・5カ月で1億円以上の課金があり、著者の前金は、たったの1日で回収された。

パズルのように関係者のピースのカタチを把握し、順番を考えてハメていくことで、社内政治は完遂される。

「会社が古いから新規企画が通らない」みたいなことを言う人間がいるが、会社が古いのではなく、利害一致をしてないだけだ。新しくても古くても人間なんて自分の利がなく害がある案件を進めるわけがない。

こんなこと仕事として当たり前で、起業して自分でビジネスを興そうと思ったら、もっともっと複雑でスケールの大きい利害調整を求められる。

部署でも個人でも、全員の利害は微妙に違う。金がほしいか名誉がほしいか。チャレンジしたいのか早く家に帰りたいのか。全員違うから全部それをわかったうえで話す順番を考えて埋めていく。あっちが決まればこっちも決まる、そこまで来れば突破できる、という具合に。

僕は北野武監督の映画『アウトレイジ』が好きだ。怪獣人間をとりまく世界は、ああいうヤクザの世界で起きている人間同士の関係性、せめぎ合いに似たところがある。

ヤクザの世界では話す順番ひとつ間違えるだけで殺される。自分たちが生き残るために誰と組むか。どういう人と接触するか。どの順番でコトを進めるか。人の心、それぞれの利害をどう探っていくのか。

しかしこれは、難しい話ではなく、いままでの話と根幹は同じ。

自分が「相手の立場だったらどうか」を想像する。「僕が営業だったら給料も変わらないし、仕事が増えるだけだから、そんな斬新なことやってもな」と思う。だけど「社長に言われたらやるしかないな」とか「社長が前のめりみたいだから、ちょっと頑張ってみようかな」とか。僕でもこう思うはずだと小説の登場人物の気持ちを想像するように考えていくのだ。

相手のクツをはくかのように相手の気持ちになりきることこそ、商売や人間関係の原則なのだ。

根回しは保険

NO.

50

「根回しが大変」。これよく聞きますね。

新しく何かをやるときに、周りの人たちへの挨拶や根回しが重要だ。

僕もNewsPicks Bookを始めるときに、各部署を挨拶して回った。いろいろと突っ込まれたりもしたがそこまで意味はない。新しくやることなのだから、あまり事前に考えても仕方がない。

ではなぜ重要なのか。根回しは「嫉妬を増やさないための保険」みたいなものだ。挨拶した、断りを入れた、ということが重要だ。

誰だって自分のまったく知らないところで何かが始まるより、事前に話をもらったほうがうれしいし、協力しよう、応援してあげようという気持ちになる。

マンションの隣人が部屋の内装工事をするときに、事前にお菓子を持って説明に来ていたら少しの騒音なら我慢しようと思うだろう。

ただ、ここで勘違いしてはいけないのは、あくまで根回しはその程度の意味だということだ。そこで何を言われても内装工事はやると決めたらやるのだ。

根回しがうまくいかなかったとしても関係ない。自分で頑張ればいいだけのことだ。ひとりでも頑張ってみる。協力してくれる人だけに協力してもらえればいい。頼み込んで全員に参加してもらう必要なんてない。

根回しに依存してしまうと、あらゆる問題を事前に潰していくことに膨大な時間とエネルギーを食われてしまう。それでタイミングを逃したら、まったく意味がない。

よく「反対されたからやめました」という人がいるが、それはそもそも自信がないから反対してほしかっただけだ。

周りに何を言われようと、やると決めたらやる。その覚悟が周りを動かす。根回しはあくまで、嫉妬を買わないための保険だ。

上がわかってくれないなら選択肢を複数持て

NO.

51

「うちの会社は上がわかってくれない」。これよく聞きますね。

僕が新しい企画を実現させる度に「幻冬舎だからできたんだ。うちの会社ではそもそも企画が通らない……」と言われることがある。しかし、多くの人は企画を通そうという努力と覚悟がそもそも足りていない。

ガーシーの本を出そうとしたとき、幻冬舎の多くの人は、芸能界の暴露する人の本なんかを出すのはやめてほしいと考えていた。当たり前だ。

事情はよくわかる。自分が『GOETHE（ゲーテ）』の編集長だったら、芸能プロダクションに嫌われるのはまずいし、「お宅の雑誌の表紙はやりません」と言われるリスクもある。

だからこそ、あらゆる可能性を持ちながら利害一致に動く。こういったややこしい案件は一筋縄ではいかない。急な突風や嵐に対応しながら、どこかで着地させる。そのためには、自分の中に着地させる選択肢を複数持っておかなければいけない。

A案は幻冬舎。幻冬舎から出すのがベストだが難しかったらB案は他社。ほかの出版社に持っていく。それも無理だったらC案は自費出版。僕がボランティアでガーシーさんの本を編集する。いざC案になったら「全書店発売禁止」と帯をつけて出すのも面白いかもしれないと考えておく。

「幻冬舎で出すのがベストですけど、風向きによってわかんないです」とガーシーさんにも事前にちゃんと言っておく。「ただ何かしらの方法で絶対出す」とにぎる。

人それぞれの立場がある。自分の希望を一方的に主張しても意味がない。

企画が通らない。思うようにいかないときに「上司に理解がない」とか「企画を潰された」と言う人も多い。だが、本当にそれを通すためにあらゆることを考えて、いろいろな方向を探ったのだろうか。A案だけで通そうとしていたのではないか。

選択肢を1つしか持たず、それをつき通すのは子どものやることだ。

「やる」と決めたらあらゆる方法を準備し、何としてでも着地させるべきだ。

ウザい上司はとにかくホメろ

NO.

52

「話が長くて上司がムカつく」。これよく聞きますね。

昔話や自慢ばかりの上司がうざいというのも多くある。

昔話や、自慢話が多い人を憑依レベルで分析してみよう。

昔話や自慢話をする上司は、自信がないのだ。自信のなさから偉そうにしていることが多い。自信があればいちいち自分の手柄をひけらかしたりしない。周りから褒められて満たされていたら会社の部下にアピールしたりする必要はない。

自信はないけれど、プライドは高い。

対応としては「褒める」ことだ。自尊心を満たしてあげればいい。

偉そうにしているだけだったとしても、どこか褒められる点を見つけられるかもしれない。それを探してとにかく褒めてみる。

なんで偉そうにするかといえば自信がなくて、プライドが高いから。そのプライドを満たしてあげて自信をつけられるようにしてあげればいい。そういうことをしてくれる人を「いいやつだな」と思ってくれる可能性は高い。

組織というものは、マウントの取り合いだ。序列をつくる。動物の群れや村社会でも起こることだ。

新しい人がやってきたら、さっそく序列が組み直される。誰が1番下か。あるいは誰かよりは上だと確認しないと不安でならない。誰しも「こいつよりは上だ」と思いたいのだ。

新しく入った人や若い人、実績がない人は、狙われやすい。序列の1番下にされそうになる。これは、職場やいろいろな組織で見られることだ。

自信がない人ほど自慢話や実績を誇り自分の序列を確保しようとする。

その不安を察して褒めてあげる。「○○さん天才なのですね」ととにかく持ち上げる。こいつは自分の序列を上げてくれる存在だと思われれば悪くはされないはずだ。

結果を出して自由になれ

NO.

53

「いちいち細かいことを指摘してくる上司が面倒だ」。これよく聞きますね。

どうでもいい指摘をしてくる人はどんな組織にもいる。書式とか手続きについて言われると、たしかにウザい。それは正しいのかもしれないが、仕事のうえではどこかズレている。

手段と目的が逆転して、仕事を進めるための資料のはずが、資料の形式を守ることが仕事になってしまっている。

こういう細かい指摘をしてくる人は、目的志向ではないのだ。

目的志向の人は「達成すればいいでしょ」と考える。やり方に囚われず、目的を達成することに集中する。

起業家や一流のアスリートたちは、一般的な形式に囚われない。目的志向だ。「こうしなさい」と一般的に言われる常識や手段に囚われない。結果しか見ていない。

一方で細かいことばかり言う人は結果だけで評価をされる組織になると、実力のなさが露呈してしまうため、「こうしなさい」という形式にこだわることに命をかける。

無意識かもしれないが、生存戦略として「手段」を絶対化しているのだ。

そういう人に対しては、ケンカをしてもしょうがないので調子を合わせつつ、ほどよく付き合いつつ、圧倒的結果を出すことを目指そう。

結果を出したとたん、そういう人は逃げていく。結果で比べられたくないから、結果を出していないほかの人へ手段の押しつけ対象が移っていく。

そうなったらおさらばだ。

メンヘラからは
とにかく逃げる

NO.

54

「被害妄想がすごい人」。これよく聞きますね。感情のリズムがおかしく急に怒り出すようなタイプ。その人が自分にとって大切ではないなら、無視する。距離を取る。こういうタイプは論理でなく感情で動いているだけなので付き合うだけ時間の無駄だ。

どうしても一緒に仕事しなければならないなら、感情と仕事を分ける。淡々とやるべきことだけやって、度を越して仕事の邪魔になるようなら突き放す。

精神的に未熟で甘えるタイプだから、聞いてくれる人を探し続けている。そして聞いてくれる人に依存し、最後には恩を仇で返す。

僕もここまで様々なことを書いてきたが、精神がおかしい人にだけは関わってはいけない。これだけは例外だ。すべての理屈が通用せず人生をメチャクチャにされる。

寄り添い過ぎると、相手にとってもダメだし、自分にとっても仕事がダメになりかねない。とにかく逃げよう。

上司の意見は聞いたフリをしろ

NO.

55

「人の意見をまったく聞いてくれない」。これよく聞きますね。

そういう人は本当にいいものを実現したいと思っているわけではない。ただ自分の意見を押し通し、自分の意見が通ったという評価がほしいだけなのだ。

だから、実はその上司の意見を聞いていないのに、聞いているかのように振る舞ってしまえばいいのだ。

A案とB案があるとき、自分はA案がいいと思っているのに、上司がB案を推している場合、「たしかにBですよね」と受けておいて、なし崩し的にA案にしてしまう。もしくはA案にB案を少し混ぜる。というのも、走りはじめたら、社長や上司は、案外よく覚えていなかったりするからだ。

その上司はメンツを大切にしているので、その場で戦ってはいけない。否定しないように進めて、意見に従っているフリをする。

まったく反対のことをやっても、「いやあ、部長の案でやってよかった。さすがです」と言っていればいい。あっちも混乱して何も言わない。

さする技術

NO.

56

「いつも不機嫌で気を遣う」。これよく聞きますね。

不機嫌さも千差万別だが、大した結果も出していないのに不機嫌さを出し続けている人は、終わっている。不機嫌に仕事をするのはそもそもダメな人。家庭とか夫婦とか恋人とかが不機嫌なのはしょうがない。それは一種のコミュニケーションだったりする。

でも仕事ではダメだ。デキる仕事人はいつも機嫌がいい。自分でそうした気分をコントロールできているのだろう。

怪獣人間は気まぐれなのでホリエモンは結構不機嫌なことが多い。

ホリエモンのトークイベントで、僕は彼の機嫌の悪そうなときに呼ばれがち。ホリエモンが不機嫌なとき、初対面の司会者だけではどうにもならない。そういう人が生半可に場を取り繕おうとすると大怪我する。僕を入れることで、なんとか進めようということなのだろう。

めちゃめちゃ不機嫌なホリエモン。鬼みたいな恐ろしい顔をして、司会者の人が挨拶に来ても一切顔を上げない。

そういうときは柔らかくイジる。「鬼みたいな顔してるじゃないですか」とか。それでちょっと笑ったり「2日酔いなんだよ」みたいなことを言ってくれたらそれでいい。これはその人との信頼関係があることが前提で、それがなければ怒られる可能性はある。

子どももそうだが不機嫌になる原因があったはず。それを伝えることができずに、不機嫌なんだぞって顔をしている。

みんな距離を取っていたら、ずっと不機嫌なままだ。誰かが不機嫌の原因を聞いてあげる。子どもならさすってあげて「どこが痛いの」と聞いてあげるように。

僕のサウナの番組の収録で最初機嫌のよかったホリエモンが急に不機嫌になった。

理由を聞いたら、台本におむすびが出ると書いてあったけれど、全然出てこないということだった。休憩をはさまずに進めることになってしまっていたのだ。

一方でちょっとさすってもダメなら距離を置いたほうがいい。言えば言うほど不機嫌になることもある。

そういうときはできるだけ自然にしてあげる。ケアはするけれど、しつこく触らない。下手《したて》に出過ぎると、むしろガンガン攻めてきてしまうからそれも危険だ。

不機嫌な上司に対しては、子どもだと思ってさすってあげる。でも感情と仕事は切り分ける。

職場でやるべきことは、仕事だ。こちらが入り込みすぎず、一定のラインを空けて対応しておけばいい。

責任を引き受ければ邪魔されない

NO.
57

「優柔不断な上司に振り回される」。これよく聞きますね。

優柔不断の原因は、自分の責任にされたくない。多数派でいたい。そんなとこだろう。

「責任は僕が取ります」と言えばいい。優柔不断な人のリスクを最大限排除してあげる。間違っていたときに「あれ間違ってたじゃん」と言われるのが怖い。そういう不安を取り除けばいい。

「うまくいかなかったとしても、僕がやったことですから」と言えば、「だったら協力だけはするよ」となることが多いだろう。

会社員は減点主義だから優柔不断な人は結構いる。たとえば出版社の場合、営業は本を刷り過ぎたくない。ある程度の部数が売れたのに、刷り過ぎで赤字になるのは営業の責任になるからだ。

それなら、絶対に売れます、売れなかったら僕のせいです。と言い切ればいい。ある程度の根拠を示しながら「それでもやりたい、失敗したら僕の責任です。チャレンジさせてください」と責任の所在を明確にしてお願いするのだ。

人の悪口はエンタメだ

NO.
58

「人の悪口ばかりいう人がイヤ」。これよく聞きますね。

正直に言えば、悪口は楽しいのだ。人間社会の潤滑油として悪口やイジりは必要だと思う。

飲み会で、その場にいない人の悪口言ったり、その人の前では言えないことを言うのは娯楽の一種と考えていい。

「そういう悪口を言うのはやめましょう」「欠席裁判はよくないですよ」と学級委員みたいなことを言う人もいるけれど、人間社会、そんな立派な人ばかりじゃない。悪口でストレス発散してまた明日も頑張る。人を傷つけたりするのは問題だけれど、飲み会なんて、3分の1ぐらいは悪口だ。だから気にしなくていい。

そして、裏で言っていることのほうが本音だと思ってしまうのは大いなる間違いだ。「昨日の飲み会で、あなたのことを、こんなふうに言ってましたよ」とか言う人がいるけれど、「裏でそんなこと言ってたのか」と怒る必要はない。

裏で言っていることのほうが真実っぽい気がするだけで、実際にはそんなことはない。その場のノリで面白いから言っているだけ。

自分に直接言われていないことはまったく気にする必要はない。本音か嘘かノリか冗談か、わからないから。

飲み会で「あの人はすごい」とか「あの人は優秀だ」とか言い合っても全然面白くない。思いつきでイジって、適当なことを言ったりするから面白い。そこを取り上げて本音だと言うのは間違っている。

自分のいないところで言われている言葉は一種のエンタメだ。存在しないのと同じ。知らないところで酒のつまみにされているのは何も気にしなくていい。

面倒臭い上司や同僚たちは、怪獣人間ではない。ただ面倒臭いおじさんやおばさんに過ぎない。

面倒臭さの中には、基本的に承認欲求がある。会社でも家族でもSNSでも、承認してあげることで、解消される。

承認される機会の少ない人ほど、職場で面倒臭さを発揮しがち。だからこそわかりやすく「褒める」「お礼を言う」「驚く」とかが大事なのだ。

承認欲求を満たしてあげるひと言で、その1日が幸せになったりもする。そんなの無料なんだからいくらでもやればいい。

周りも明るくなるし、回り回って自分も楽しくなる。

人間は誰だって不安だ。序列が下がる、責任を取らされる、自分が損する。多くの不安の中でなんとか自分を保って仕事をしている。だからこそ自分の無理ない範囲で相手を承認してあげよう。

「えっ！　天才なんですか？」「なんてことだ！　すごいですね！」のひと言で人間関係は劇的に良くなったりするものだ。

怪獣人間攻略チェックシート

7

□ プチ怪獣なんてかわいいものだ

□ 陰口、噂話は飲みの場のエンタメのようなものだから気にしない

□ それぞれの立場の利害を把握し、パズルを埋めるように、一致させる

□ 最終的に自分が責任を持つ、やり切るという覚悟が全て

□ みんな承認不足だから、褒めまくろう

CHAPTER

8

[怪獣人間図鑑編]

怪獣人間はあまりにも魅力的だ

人間に対する解像度を上げろ

NO.

59

僕の人生は怪獣人間たちによって開かれ、そして面白くなっていった。インパクトのある仕事に出会えたことも、ある程度のお金や影響力を得られるようになったことも、すべて怪獣人間との出会いからだった。

生き方が独特で、言葉が強くて、既定路線からはみ出している人たち。時代と交錯する人たち。嘘みたいな破滅に向かう人たち。まったく新しい未来へ突っ走る人たち。共同体的な倫理からはみ出ている人たちと仕事をするのがとてつもなく楽しい。それまでの世界の見え方を変えてくれる怪獣人間が好きなのだ。

レジェンド、重鎮、怪人、フィクサー、黒幕。時代や業界ごとにいろいろな呼ばれ方をしてきたが、怪獣人間の数自体は減ってきているのかもしれない。

昔はオリンピックも電通も、ジャニーズも歌舞伎も、「あそこはちょっとカタギの世界とは違うから、一般的におかしいことがあっても、まあそんなものだよね」という時代の空気があった。

しかしいまは良くも悪くも、その特別保護区のような場所がなくなってしまった。フラット化し、「村の掟」が許されない。

そんな世界では怪獣人間は暴れづらいかもしれない。

それでも、いやだからこそ怪獣人間の存在はより貴重になっている。

イーロン・マスクが多くのインテリ言論人の戸惑いを嘲笑うように、ツイッターをXに変幻自在に変革する。1人の怪獣人間が世界を変えてしまう時代なのだ。怪獣人間を面白がるには人間に対する解像度を上げることだ。

前衛的な映画や絵画や音楽は、素人にはただワケのわからないモノであっても、その道に詳しい人が見ると唸るモノであったりする。

それは対象に対する解像度が高いからだ。制作者の細かな差やこだわり、そこに至る歴史をわかるからこそ感動できる。これは人間に対しても同じだ。変な人、ヤバい人をたくさん見て人間に対する解像度が上がると、新しい怪獣人間に出会ったときにより面白がれる。画一的ではない自分なりの洞察が磨かれていくのだ。

ここまで、見城さんやホリエモンとのエピソードをたくさん話してきたが、そのほかの怪獣人間も紹介していきたいと思う。

これを読んで怪獣人間のすごさや変なところを面白がってもらえたら嬉しい。

予定調和を破壊し
人間洞察を極める
秋元康

NO.

60

作詞家の秋元康さんの働き方はすさまじい。

仕事場に部屋が5室ぐらいあって、アドバイスをもらいたい人たちがそれぞれ待機している。そこを秋元さんが15分ごとに周ってテレビ番組やイベントの企画について話し合う。

僕も会議に参加していたときがあった。秋元さんは忙しいから事前に資料を見る時間はない。部屋に入ってその場で資料を見て、出たとこ勝負で打ち返していく。企画を用意してきた側は、秋元さんに見てもらえるのだからと1カ月ぐらい前から準備していたりするけれど、秋元さんはその場で見てパッと返す。それも、ほとんどがちゃぶ台返し。白紙に戻してしまう。

必死に考えてつくったものでもあっさりと0にする。

僕は途中で気がついた。秋元さんは内容よりも白紙に戻すということを大事にしているのではないかと。人は誰だって、成功確率の高いもの、確実にヒットしそうなものをつくろうとする。当たり前だ、特に秋元さんとやる企画なんて外せない。

しかし、過去の延長線上に爆発的な大ヒットはない。キレイな絵に真っ白い絵の具をぶっかける。予定調和を破壊し、決定的な大ヒットを出すために白紙に戻し続けるのだ。そこで生じた混乱や焦りからまだ見ぬ切り口を探す。

多くの人たちが時間をかけて、苦労してつくり出した企画だとしても、関係ない。まさに結果に対して責任を取る怪獣人間だからこそできることだ。

秋元さんは人間観察、人間分析も極めている。「なんでそこまでわかるんだ」と思うようなひと言をもらえることが多い。

僕がテレビに出ていた頃に言われたことがある。

「箕輪がやってることはズルイ。東京で好きな駅挙げてくださいってアンケートをとって、みんなが代官山、恵比寿、渋谷、自由が丘とか言って盛り上がっているとき、最後にいきなり『登戸です』って、外して笑いを取るみたいな。おまえがやってるのは常にそうだ。ほかの編集者がこっちを向いてるとき『いや、こうじゃない？』と逆を見せて持っていく。1番いいタイミングで違う切り口で持ってっちゃう。でも箕輪もいつか『登戸です』って言ってくるやつと戦わなきゃいけなくなる」。

いつまでもカウンター側でいられないぞ、ということを言われてハッとした。

たしかに僕は、凝り固まったビジネス書業界に対してカウンターパンチのように新しい仕掛けを次々としていった。しかし、ビジネス書ランキングの上位を独占することが当たり前になると、次第に熱も冷めていった。

文春砲のあと僕が「『歪《いびつ》のまま生きる』という本を書きたい」と秋元さんに相談したら「箕輪違うんだよ、そんな中指立てるみたいなタイトルだと誰もついてこない。『かすり傷も痛かった』というエッセイにしたら、『あいつもかわいいな』とみんなファンになるんだ」と言ってくれて、唸《うな》った。

この前、『かすり傷も痛かった』を書き始めましたとLINEを送ったらメッセージをくれた。

「箕輪のめちゃめちゃな生き方をはたで見て、ほんの少し心配しながらも楽しんでいます。やはり箕輪は稀有な存在だと思います。『○○のような存在』と誰かと比較されることなく自分の道を突っ走ってください。いっぱい反省する人生を送ってください」

すごいと思った。もう完全に僕のことを捉えている。最後に1番ほしい言葉「いっぱい反省する人生を送ってください」と言ってくれている。

「真っ当に生きてください」ではない。この人は悪魔的に人間の深層心理を見透かしていると思った。

だから時代を超えるヒットを何度も出せるし、あらゆる業界の人が意見を求めて行列をつくるのだ。

現代に舞い降りた貴族

井川意高

NO.

61

カジノで106億8000万円を熔かし逮捕された井川意高さんは、完全にイカレたタイプの怪獣人間だ。東大を出て大王製紙の3代目社長となる一方で、カジノにハマってしまう。

大手企業の経営者として人生を直実に積み上げていくこともできるのに、自らとんでもない修羅に飛び込んでしまう。

一般的な価値観で見ると、完全に狂った人。しかし、教養が深く人間や社会の本質を斜め上から見抜く。

井川さんは「僕にとっての100億円と主婦にとっての10万円は変わらない」と言っていた。つまり、ギャンブルというのは「このお金をスッてしまったらいよいよ人生が終わる」と思えるお金に手をつけてからスタートなのだと。その身震いするような修羅場から這い上がる瞬間に病みつきになるのだと。

井川さんを見てると貴族というのはこういう存在だったのかなと思うことがある。

頭もよく、顔もよく、家柄もいい。文学にもワインにも造詣が深く歌もうまい。平安貴族のような存在が現代に舞い降りて、老舗企業の経営に退屈し、世間の目を逃れてシンガポールのカジノで本当の自分と対峙する。

井川さんには平民が綺麗事を言うだけの今の世の中は刺激がなさすぎたのだろう。

井川さんは「カジノはもう飽きた」と言っていたのに、最近オンラインサロンのメンバーたちと韓国のカジノに行って、1人だけ帰ってこなかった。

延泊を繰り返したあと、一瞬だけ日本に帰り、またすぐカジノに戻って行った。

ダメだからこそやってしまう。その背徳感で人生の無意味さを埋める。その刹那的な生き方が色気をまとい人を惹きつけている。

多動の鬼

西野亮廣

NO.

62

怪獣人間は基本的に生物として強い。体と頭の体力が桁違いなのだ。普通の人が寝るときに寝ない、休むときに休まない、好奇心と創作意欲が尽きることがない。

キングコングの西野さんはアウトプットの量が異常だ。

365日、朝からオンラインサロンで文章を書き、ボイシーで喋る。そこから映画の脚本を書いたりビジネス書を執筆し、その合間に会議や講演会をこなす。

行動量が普通の人の10倍はある。つまり1000歳まで生きているのと同じだ。

あるフェスでお互い明け方まで飲んでいたことがある。僕は二日酔いでロビーで寝ていた。すると西野さんは爽やかな顔でスマホに向かって朝のボイシーを録りながらランニングに向かったのだ。

僕は恥ずかしくて、自分の顔をソファのクッションで隠した。

西野さんは才能の人だと思われがちだが、誰よりも多動の鬼だ。

しかも多くのことをやっているのに細部まで異常にこだわる。集客も物販もすべて自分ごととして捉える。しまいには、友達やオンラインサロンメンバーが仕事に困っているとそれもすぐに自分のプロジェクト化し解決しにいく。

僕と西野さんと起業家のＬＩＮＥグループがあるのだが、１番忙しい西野さんが誰よりも速く返信をする。誰かが新しいプロジェクトを立ち上げれば、すぐに褒めて面白がって協力する。

世の中には他人や社会のために本当に頑張る人がいる。それは利他的な聖人君子なのではない。

初めは利己的にモテたい、儲けたいと自分の課題を解決していったはずだ。

しかし次第に自分の課題がなくなり、興味が周りの困り事や世界の問題へと大きくなっていったのだろう。

世界の重大な問題に誰よりも私財と時間を使っているビルゲイツが偽善者だと叩かれるように西野さんも人を助ければ助けるほど怪しまれたり叩かれたりしてきた。

しかしその捻れや理解されなさが作品をより面白くしていくのだと思う。

創作モンスター

鈴木おさむ

NO.

63

放送作家の鈴木おさむさんも桁違いのアウトプット量がある。

おさむさんの小説連載を担当していたとき、いつも締め切りを守るはずのおさむさんから原稿が来ない。その日はAbema TVの「72時間ホンネテレビ」という特番で元SMAPの3人が72時間ぶっ通しで生放送をしていたのだ。その仕掛け人だったおさむさんは当然付きっきりで原稿を書く時間も余裕もないに決まっていた。

僕も今回だけは例外だなと思って原稿を落とす準備をしていた。

しかし明け方「ごめん原稿絶対落としたくないから昼まで待ってくれ」というLINEが来た。僕はその創作に対する狂気に驚いた。

聞けばおさむさんは、飲み会の後に仕事が残っている時は、眠くならないように走って家まで帰って、本を書いたり台本を書いたりしているらしい。

おさむさんはマグロのようにつくり続けないと死んでしまう生き物で、その創作を支えるねばり力が異常なのだ。

僕はこういった創作モンスターを見ると、自分は怪獣人間の才能に乗っかる編集者でよかったなと思う。真似しようとしても真似できるものではない。

ひろゆきと成田悠輔の変人力

NO.

64

ひろゆきさんと成田悠輔さんは少し似ている。ひろゆきさんと夜遅くまで寿司を食べたことがある。当然タクシーで帰るのだろうと思ってタクシーを呼ぼうとすると、ひろゆきさんは「んじゃ！」と言って歩き出した。聞けば、終電に間に合いそうだから電車で帰るというのだ。

サンダルにウエストポーチをして新宿駅まで歩き、満員電車に乗った。そしてウエストポーチからニンテンドースイッチを取り出してゲームをし始めたのだ。「結局ゲームしてるんで、タクシーでも電車でも同じなんですよね」と言っていた。

成田さんと飲みに行ったときもおかしかった。飲んでいる途中で成田さんが突然席を立った。トイレかと思っていたら、全然帰ってこない。何も言わずに1人で帰ったのだ。無茶苦茶な人間だなと思っていると、恥ずかしそうに帰ってきた。なんとiPadを席に忘れていたのだ。

2人とも、ブレない価値観を持ち、空気や常識を軽やかに飛び越えていく姿勢が世の中にウケているのだろう。

試合を作品に昇華する表現者

青木真也

NO. 65

アスリートにも怪獣人間はもちろんいる。しかしウサイン・ボルトやハーランドみたいな怪獣並みの身体能力を持つ人が怪獣人間なわけではない。

僕の言う怪獣人間はまったく新しい発想や生き方をして世界の見え方を変える人だ。

その意味で言うと格闘家の青木真也は紛れもない怪獣人間だ。

青木真也との本を企画しているときにいろいろ話をした。しかし、そこで出てくる言葉がいちいちおかしかった。「いままで友達がいたことがない」「小学生のときはカベに向かって給食を食べさせられていた」。世間というものと馴染めない異物感が溢れ出していた。

青木真也はアスリートというよりも表現者で、ただ試合に臨むのではなく、いかに試合を作品に昇華するかを考えている。

自分の持っている怨念のような感情と時代が交錯するところを考えて試合前の煽り合いから作品としてつくり上げていく。これをプロレスではなく真剣勝負でやろうとするところが稀有だ。だからこそ青木真也の試合は勝敗の超えたものがある。

秋山成勲との試合で青木真也は2RでKO負けしてしまった。青木真也が試合に賭けてきたものを知っていた僕は珍しく布団の中で泣いた。

しかし青木真也から「こんな作品つくれるの俺しかいないでしょ」とLINEが入ってきた。

青木真也は誰よりも試合の勝敗にこだわっている。だからこそ彼がつくる作品は生々しくて美しい。

青木真也は格闘家とは思えないほど日々文章を書いていて、最初に出会った頃とは比べ物にならない表現力を身につけている。

彼にとって試合は日常の一部であり、その生き方を通して人に何かを伝えようとしてしているのだ。

もはやアスリートというより表現者だ。

「空」の境地にいる哲学者ダルビッシュ有

NO.

66

ダルビッシュ有さんと話すと、人間としてかっこいいとは、成熟するとはこういうことだなと実感する。

ダルさんにZOOMで取材していたとき、こんなことを話していた。

前年に最多勝でシーズンを締め括っていたので自分の成績に満足しているのかと思っていた。しかしダルさんは思ってもいない角度で物事を見て自分と向き合っていた。

〝いろんな方からすごいねと言われるたびに違和感を感じていた。

野球というスポーツがたまたま人気スポーツで、たまたま僕はその才能に恵まれていた。もちろん努力もしているけれど、ほかのマイナースポーツの人もほかの職業の人も努力している。

僕がすごいと言われたり、高い年俸をもらうのは野球というスポーツがすごいだけで僕が偉いわけではない。

そう考えると自分が賞賛されすぎるのはおかしいのではないかと考え込んでしまう〟　このようなニュアンスのことを言っていた。

普通、アスリートは目の前の競技で結果を出すことだけを考える。

しかしダルさんは自分と世界を宇宙から俯瞰してるような感覚を持っているように感じる。もちろん試合中は集中しているだろうが、常に自然体なのだ。シカゴまで試合を見にいかせてもらったときも2023年WBCのときも試合の合間に一緒にラーメンを食べる機会があった。

激しいプレッシャーにさらされているはずなのに、全く肩に力が入ってない。このフラットで俯瞰的に自分を捉える感覚があるから、WBCで調子が上がらない選手に「人生の方が大事ですから、野球ぐらいで落ち込む必要はない」という言葉をかけられたのだと思う。

宮本武蔵がガムシャラに修行を重ね、幾多の斬り合いを制し、相手がいなくなるほど強くなり、最終的に体の力が抜け切った「空」の境地に辿り着いたような達観を感じる。

ダルさんは求道者であり、哲学者のような深みがある。

ガーシーとゴーンのかわいげ

NO.

67

ガーシーさんはアテンダーという、いかがわしい仕事で頂点まで上り詰めただけあって、人間のふと見せる欲深さや後ろめたさのような普段人に見せない感情に対する嗅覚が鋭い。そこにスッと入り込み人間関係をつくっていく。

アテンダーこそ人間関係商売だ。夜の世界で人と人をつなげ金を動かし、秘密をにぎる。魑魅魍魎《ちみもうりょう》がうごめく世界を渡り歩く。

だからこそ誰が何を言ったか、そのときどういう表情をしていたか、誰が誰を紹介したか、LINEを返したかスルーしているか、すべて恐ろしいまでに覚えている。

お酒を飲まないので記憶がなくなることはない。お酒の席でも周りをずっと観察している。

ドバイの外国人女性が集まるバーで僕が居心地悪そうにしていたら、ガーシーさんがすぐに横にきて「おれもこういう場所好きちゃうんねんなあ」と言ってビールを持ってきてくれた。

人間関係は「押し」と「引き」。

喰ってかかるような押しの強さと、ふと見せる気遣いの引き。アテンダーの世界で生き抜いてきた理由がわかる。怖くて優しい人になぜか人は気を許す。

同じく逃亡犯になったカルロス・ゴーン。日産を建て直した圧倒的な実力とカリスマ性。しかしその強すぎる圧と横暴な人間性で最終的には日産から追い出され逮捕されてしまった。

誰もが恐れるあの太い眉毛と全身から溢れ出すオーラ。そのゴーンがレバノンで憎いはずの日産の自動車に乗っていた。

そのことについて聞くと、「日産車は最高だ。僕が辞めるまではね」とゴーンジョークをかましてくれた。

恐ろしく見える怪獣人間は実はみんなチャーミングだ。怖いだけでは人はついてこない。

シャイで、赤ちゃんみたいにありのまま。普段の近寄りづらさとは正反対のかわいげ。その複雑な人間臭さが彼らの魅力なのだ。

繊細と狂気の
松浦勝人

NO.

68

人間臭い魅力といえば、エイベックスの松浦さんだ。

シャイで繊細。だからこそ、何かスイッチ入ったとき反動で無軌道で大胆な行動をする。常にその振り幅を生きている。

松浦さんと仕事をしていたとき、僕が松浦さんの怒りを買ってしまった。

すぐさま「箕輪を呼べ」と呼び出しを食らった。

でも僕は、カタチだけ謝っても、松浦さん相手には通用しないと直感的に思った。

僕は松浦さんのところに向かっていく道中で氷結のストロング缶を3缶一気に飲み、「自分の考えを言おう」と自分なりに腹をくくった。

すると対面し、目が合った瞬間、松浦さんが抱きついてきて「おまえ最高」と言われた。何が何だかわからない。ただスーツ着て菓子折り持って行ったら、飛び蹴りされていたかもしれないという気がする。

相手を好きになる、小手先でいかない、丸裸になる。怪獣人間との付き合い方の多くを松浦さんから学んだ。

怪獣人間攻略チェックシート

8

- □ 人間に対する解像度を上げよう
- □ 怪獣人間は積んでるエンジンが桁違い
- □ 怪獣人間は職業の枠をこえた存在
- □ 怪獣人間は実はみんなかわいい

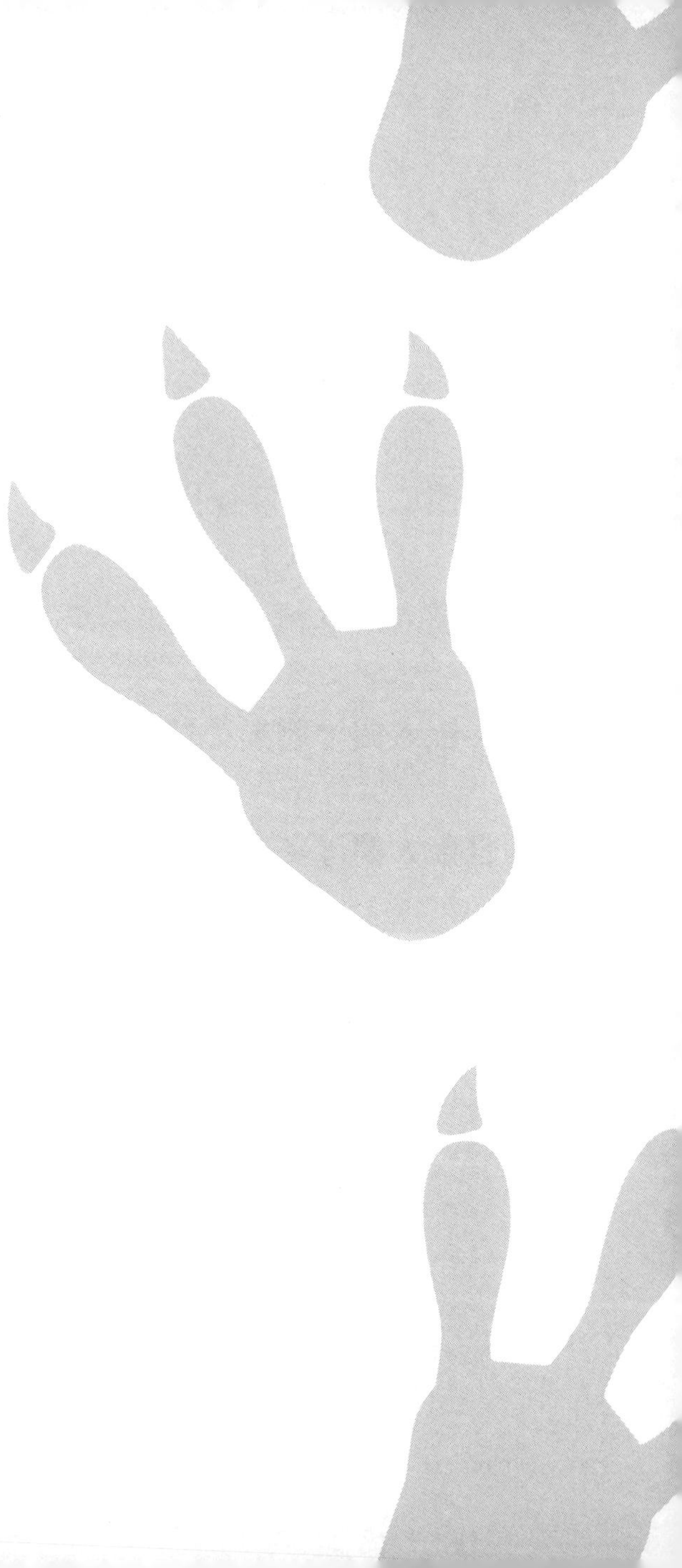

EPILOGUE

人間の歪さを面白がれると人生は面白くなる

人生は人との出会いで驚くほど変わる。

書店に行くと仕事のスキルや思考法など人生を好転させるための本が所狭しと並んでいる。

しかし意外と人との出会い方、人との関係の仕方に関する本は少ない。

仕事のスキルや思考法より、ひとつの衝撃的な出会いのほうが人生には大きく影響する。

僕は編集者だから人と会うのが仕事だ。午前中は上場企業の社長に会い、午後には元犯罪者とご飯を食べていたりする。

僕が編集者として、人に会うかどうかの基準はひとつ。本にする価値があるかどうか。つまり、その人だけが持っている独特で固有の考え方や生き方があるかどうかだ。

僕はそうやって人を選び、人と話し、本にしてきた。

そして、その過程でそれぞれの人から多くの影響を受け、僕自身の価値観も変化し生き方も変わってきた。

僕という人間は僕が出会った人によりつくられてきた。

本書で怪獣人間と呼んだ彼らは、自分のわがままを突き通し、あたらしい世界をつくろうとする。人間としてまともではないし、過剰と欠落を抱えている。

執拗に何かに執着する、偏愛を持って没入する。自分がやりたいことしか目に入らず、常識や倫理観がコロッと抜け落ちてる。

同じ世界の人間とは思えないような発想をし、いかがわしい生き方をする。

世界は成熟し宇宙やメタバースにしか未知が残されてないように思えるが、本当のフロンティアは人間の中にある。

もはや人間にとって、人間らしさしか価値は残らない。

人間らしさから表現が生まれ、人間らしさからビジネスが生まれる。

世の中が整備されまっさらになればなるほど、源流にいる怪獣人間と出会うことが価値になる。

怪獣人間は予測不能すぎて怖いかもしれない、近づきすぎると怪我をするかもしれない。しかし、これほど面白い現場はない。

自分の基準を変えてくれる。時代を動かす瞬間を目にできる。

解像度を高く人間を見れるようになると気がつくことがある。それは正しい人間なんてどこにもいないということだ。みんなまともなフリしてどこか狂っている。みんな違って、みんな面白い。

人間の歪《いびつ》さを面白がれると、人生は楽しくなる。

この本があなたの人生を変える衝撃的な出会いのきっかけになれば嬉しいです。

いままで僕に出会ってくれたすべての人に感謝します。

2023年8月14日　箕輪厚介

書籍
購入者
限定

LINE
グループ

下記QRコードに
いますぐアクセス!

※パスワードは「kasukai」

［著者略歴］

箕輪厚介（みのわ・こうすけ）

幻冬舎 編集者。

大学卒業後、双葉社に入社。「ネオヒルズ・ジャパン」を創刊し完売。『たった一人の熱狂』見城徹、『逆転の仕事論』堀江貴文などの編集を手がける。

幻冬舎に入社後は、新たな書籍レーベル「NewsPicks Book」を立ち上げ、編集長に就任。『多動力』堀江貴文、『日本再興戦略』落合陽一、2019年一番売れてるビジネス書、『メモの魔力』前田裕二など次々とベストセラーに。

自著『死ぬこと以外かすり傷』は14万部を突破。雑誌「サウナランド」は2021年のSaunner of the Yearを受賞。

2022年『死なばもろとも』ガーシーを出版。

怪獣《かいじゅう》人間《にんげん》の手懐《てなず》け方《かた》

2023年9月21日　初版発行

著　者　箕輪厚介

発行者　小早川幸一郎

発　行　株式会社クロスメディア・パブリッシング
〒151-0051 東京都渋谷区千駄ヶ谷4-20-3 東栄神宮外苑ビル
https://www.cm-publishing.co.jp
◎本の内容に関するお問い合わせ先：TEL（03）5413-3140／FAX（03）5413-3141

発　売　株式会社インプレス
〒101-0051 東京都千代田区神田神保町一丁目105番地
◎乱丁本・落丁本などのお問い合わせ先：FAX（03）6837-5023
service@impress.co.jp
※古書店で購入されたものについてはお取り替えできません

印刷・製本　中央精版印刷株式会社

ISBN978-4-295-40879-6　C2034